歴史文化ライブラリー
266

持統女帝と皇位継承

倉本一宏

吉川弘文館

目　次

「陰謀」について――プロローグ

1 「陰謀」について

天智の「陰謀」の史実性

天智《てんじ》十年（六七一）十月十七日のこと、重体に陥った大王《おおきみ》の天智は、蘇《そ》我安麻呂《がのやすまろ》を遣して、大海人王子《おおしあまのみこ》を「大殿《おおとの》」に召した。もとから大海人王子と好《よし》みを通じていた安麻呂が、密かに大海人王子に「有意《こころしら》ひて言《のたま》へ（お言葉にご用心なさいませ）」と告げたので、大海人王子はこれによって天智の「隠《かく》せる謀《はかりこと》」を疑い、慎重になった。天智は大海人王子に後事を託したが、大海人王子はそれを固く辞譲して「大后」倭女王《やまとのひめおおきみ》の即位と大友王子《おおとものみこ》の執政（壬申紀《じんしんき》では立太子）を懇請し、出家して吉野《よしの》に入った。

と、『日本書紀《にほんしょき》』には記されている。これまでは、聡明な長子の大友王子を大王位に就けたいと思うようになった天智が、臨終に際して「陰謀」をめぐらせ、大海人王子を殺害しようとしたと考えられてきた。

しかしながら、ここで史実として天智の側に、壬申紀の語るような「陰謀」が存在したかどうかは、きわめて疑わしい。「後継者の地位を奪った天智に対して堪忍を重ね、大友王子の挑発に対して、正当防衛のためにやむなく立ち上がって近江朝廷《おうみちようてい》を倒した大海人王子」という図式を設定しているはずの『日本書紀』にしても、天智が「陰謀」を企んでいたと記しているわけではなく、大海人王子が勝手に「陰謀」を疑って慎重になったと記しているに過ぎないのである。

鸕野の「陰謀」

私は先に、『戦争の日本史』シリーズの一冊として、『壬申の乱』を著わした。その執筆の過程において、大友王子の子である葛野王《かどののおおきみ》や、大海人王子の子のうちの大津王《おおつのおおきみ》に大王位を継承させることなく、確実に草壁王《くさかべのおおきみ》へと継承させることを熱望していたただ一人の人物、すなわち鸕野王女《うののひめみこ》の存在が、壬申の乱のそもそもの原因であったと推定した。

鸕野王女としては、まず何としても大友を倒して葛野王を排除し、同時に、大海人王子の子の中での草壁の優位性を確立する必要があったのである。そのための手段として選んだのが、武力によって近江朝廷を壊滅させること、そしてその戦乱に自身と草壁王を、できるかぎり安全に参加させ、さらには大津王を危険にさらすということであった。

そうなると、壬申の乱の前後において「陰謀」を企んでいたのは、実は鸕野王女の方であったということになる。

それればかりか、鸕野王女は大海人王子が即位して天武《てんむ》天皇《てんのう》となってからも、また天武が死んだ後、さらには律令《りつりょう》国家が完成した後にも、自己の思惑どおりに皇位継承を主導しようとしていた形跡がある。

皇位継承の古代史

本書においては、まず六世紀以降の大王位継承の構造を概観し、次いで壬申の乱をはじめとする律令国家成立期における皇位継承と鸕野王女の関係を述べ、そして律令国家成立後の鸕野王女（持統《じとう》天皇）の皇位継承に関する構想を考えていきたい。

この列島にはじめて「国家」という権力装置を出現させた彼らの思惑が、「日本」という国に及ぼした影響は大きい。この時期の歴史を考えることは、この国を考えるうえで、きわめて大きな意義を有するのである。

叙述を始める前に、一つだけ述べておきたいことがある。よく大海人王子と鸕野王女は夫婦であったというような記述を行なった論考が見られる。もちろん、二人は子を成したのであるから、夫婦といえば夫婦ではあるが、彼らは、今日、われわれ現代人が認識しているような夫婦であったのではない。

鸕野王女自身が、大王位継承権を持つ有力王族だったのであり、特に大田王女《おおたのひめみこ》が死去してからは、天智の最年長の王子女として、大海人王子に次ぐ大王位継承権第二位の地位にあったはずである。彼女は独自の家政機関と政治基盤、経済基盤、それに人脈と王位継承構想を有していた。また、大海人王子といつも同居（まして同衾《どうきん》）していたわけでもない。このことを常に念頭に置いておかなければ、この二人の行動は理解できないのである。

さて、まずは六世紀初頭、ヤマト政権が最大の危機を迎えていた時点に遡ってみることにしよう。その際、王統の嫡流と非嫡流、蘇我系と非蘇我系という視座を、常に意識することにしたい。

なお、私は天皇という称号の成立を天武朝と考えているので、天武即位以前のこの国の君主の称号を大王と記載することとする。同様、天武即位以前の大王の子を、男子を王子、女子を王女と、天武即位以後で大宝律令成立以前の天皇の子を、男子を皇子、女子を皇女と記載する。さらに、天武即位以前の大王の正妻的なキサキを大后、それ以降を皇后と記載する（制度としての天皇や皇后の成立とは、また別の問題である）。

また、大王や天皇の漢風諡号《しごう》は、奈良時代も後期になってから付けられたものであるが、本書では便宜上、即位以降にはなじみのある漢風諡号によって呼称することとする。

六世紀以降の大王位継承

継体・欽明王権の成立

最初に、六世紀初頭における王権の危機と新王朝の成立から考えることにしよう。雄略《ゆうりゃく》の死後、ヤマト政権は大きく動揺し、六世紀に入ると王統の断絶という大きな危機を迎えていた。

継体の即位

『日本書紀《にほんしょき》』によると、五〇七年、大王応神《おおきみおうじん》の五世孫と称する越前《えちぜん》の男大迹王《おおどのおおきみ》が、ヤマト政権に迎えられて即位した（継体《けいたい》）。継体は、前王朝の手白香王女《たしらかのひめみこ》との婚姻により、いわばヤマト政権への婿入りという形に即位の正当性を求めたものと思われる（一〇・一一ページ図2）。男大迹王に即位を要請した大伴金村《おおとものかなむら》の奏言が、

「……請《うけたまわ》らくは、手白香皇女を立てて、納《め》して皇后《きさき》とし、神祇伯《かんつかさのかみ》等《ら》を遣して、

図1　今城塚古墳

神祇《あまつやしろくにつやしろ》を敬祭《いつ》きて、天皇の息《みこ》を求《もう》して、允《まこと》に民《おおみたから》の望に答へむ」
（「どうか手白香皇女を皇后にお立てになり、神祇伯らを遣して神々に御子息の生誕を祈念し、民の望みにお答えいただきますように」）

という言葉で締めくくられていることが、それを象徴的に表わしている。

また、男大迹王と尾張《おわり》の豪族の女《むすめ》である尾張目子媛《めのこひめ》との間に生まれていた勾大兄王子《まがりのおおえのみこ》（後の安閑《あんかん》）、および檜隈高田王子《ひのくまのたかたのみこ》（後の宣《せん》化《か》）も同様、前王朝の王女と婚姻している。継体が手白香王女との間に王子を儲けられなかった場合のスペアとして（神祇に祈念しないと、子息の生誕を望めないのである）、いわ

図2　大王家・蘇我氏系図

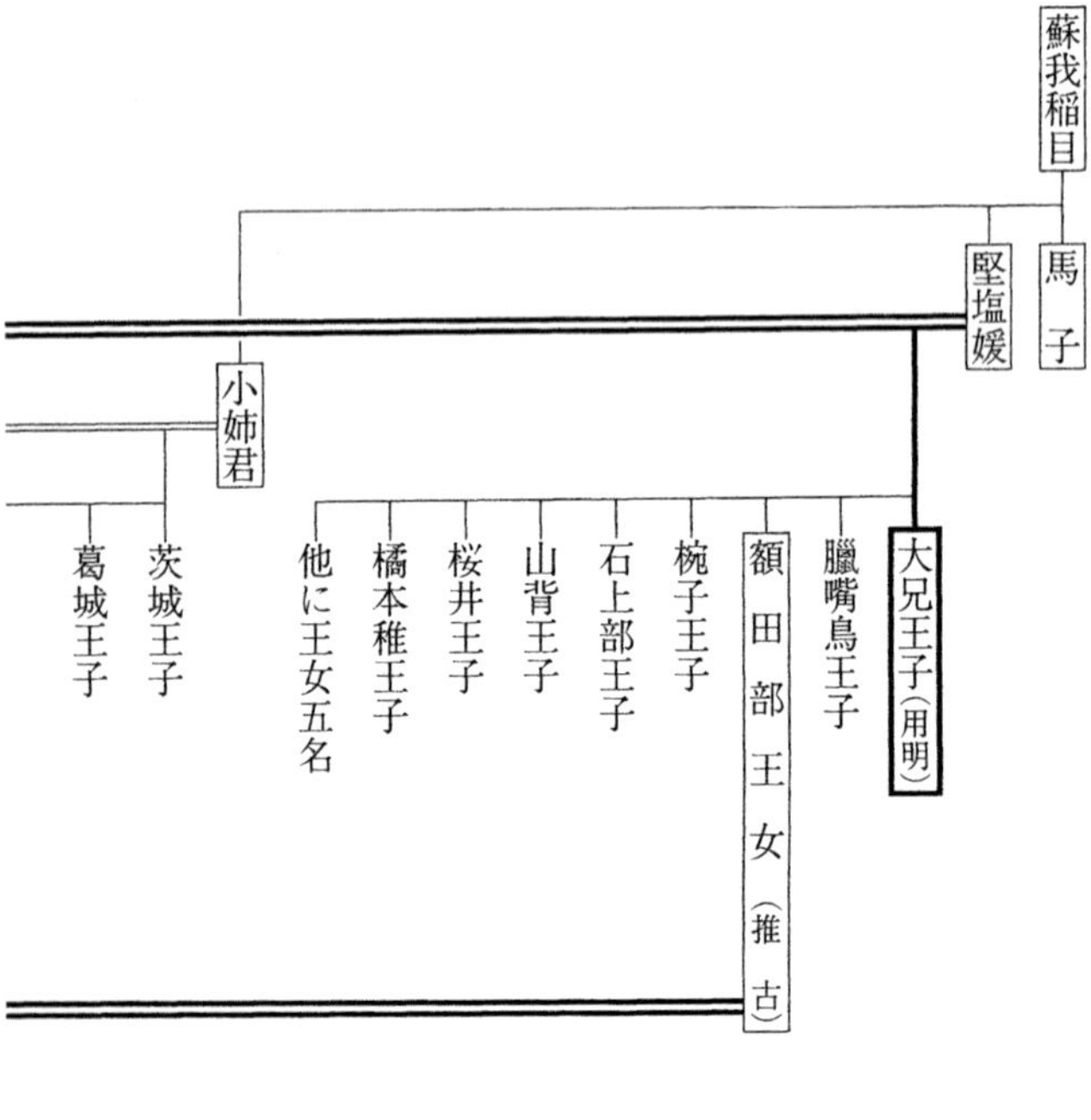
蘇我稲目
馬子
堅塩媛
小姉君
大兄王子（用明）
臘嘴鳥王子
額田部王女（推古）
椀子王子
石上部王子
山背王子
桜井王子
橘本稚王子
他に王女五名
茨城王子
葛城王子

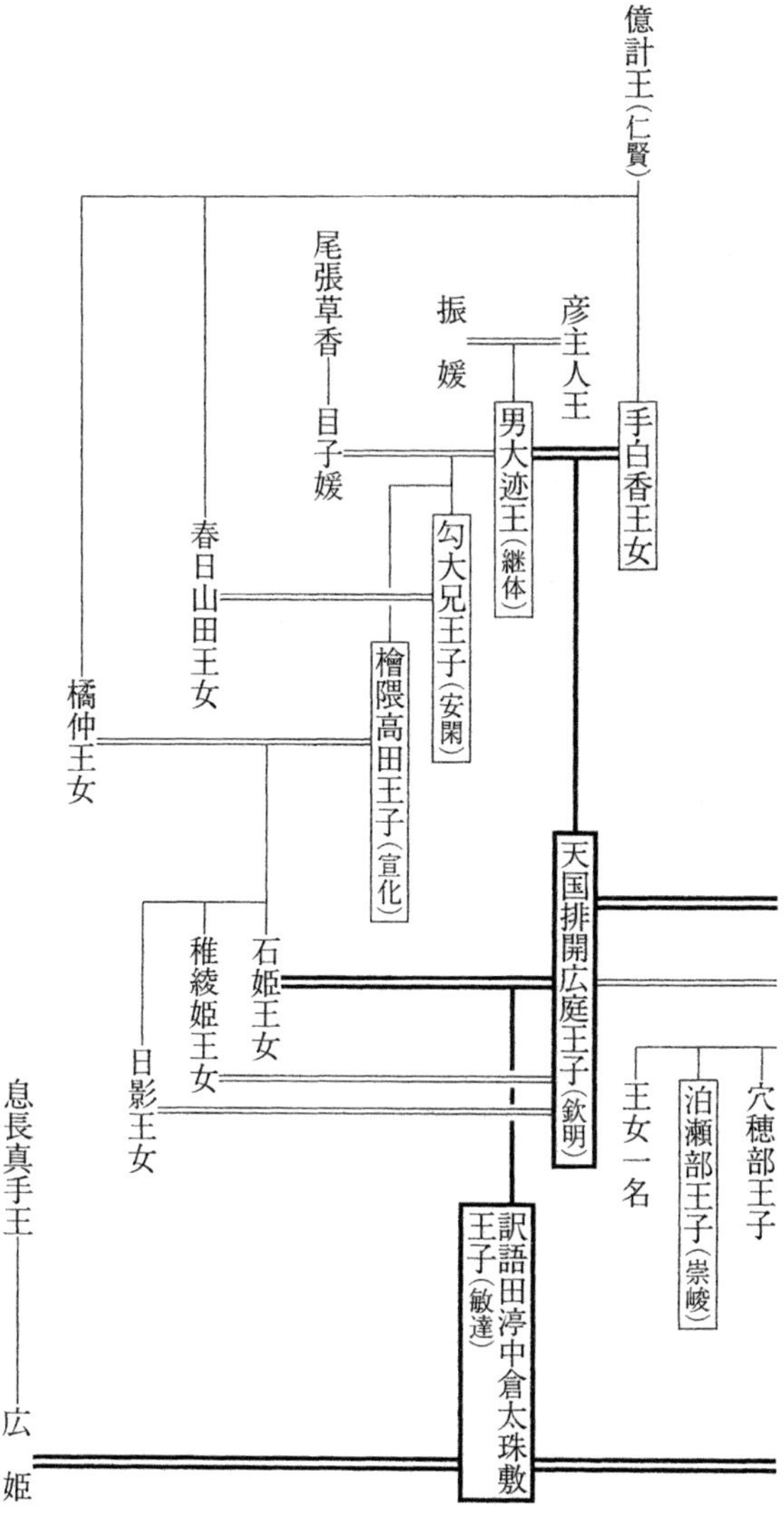

(注)　嫡流は太線で示した

ば一族ごと、ヤマト政権に婿入りしたものと考えられよう。

しかしながら、ヤマト政権には、その即位を認めない勢力も多かったため、継体は容易

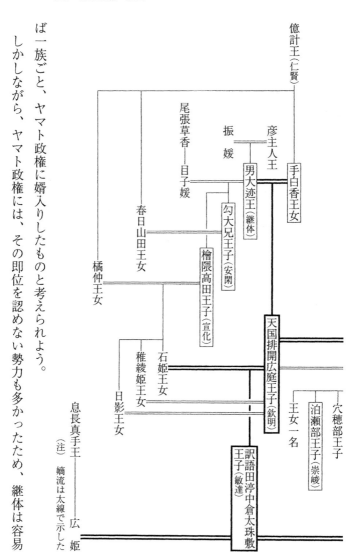

には大和に入らず、また継体陵は、それまでの慣例とは異なり、摂津《せっつ》に築造された（現大阪府高槻《たかつき》市郡家新《ぐんげしん》町の今城塚《いましろつか》古墳）。なお、天正《てんしょう》十三年（一五八五）の大地震で崩落した今城塚古墳後円部の墳丘から見つかっている家型石棺の欠片には三種類の石材が使われており、今城塚古墳には三つの石棺が納められていたことになる。

継体のキサキと王子

継体には九人のキサキがいたが、手白香王女を除けば、いずれも尾張・近江《おうみ》、それに宮を置いた淀川水系の出身であった。即位後は、手白香王女が大后《おおきさき》的な地位に立ったが、もともとは尾張目子媛が、その嫡妻的な立場にあったものと推定される。

九人のキサキは、九人の王子と十二人の王女を産んだが、それらのうちで、即位後に手白香王女との間に生まれた天国排開広庭王子《あめくにおしひらきひろにわのみこ》（後の欽明《きんめい》）と、すでに尾張目子媛との間に生まれていた勾大兄王子や檜隈高田王子が、ともに継体の嫡子的な存在であった。いわば、ヤマト政権の嫡流としての天国排開広庭王子と、男大迹王の一族の嫡流としての勾大兄王子（後には檜隈高田王子）とを、併存させてしまったことになる。

なお、大兄《おおえ》という呼称を、大王位継承者を意味するという考えは、いまだ根強いようであるが、これは単なる長子を意味する尊称に過ぎないということを付言しておく。

『日本書紀』によると、継体は大和に入った五年後に死去しているが、『日本書紀』は、辛亥《しんがい》年（五三一）に「日本の天皇《てんのう》及び太子・皇子」が倶《とも》に死亡したという、『百済本記《くだらほんき》』を引いた異説を伝えている。

この異常な記事の背景には、ヤマト政権の嫡流としての天国排開広庭王子と、男大迹王一族の嫡流としての勾大兄王子や檜隈高田王子との間に対立が存在したと推定する説が、今でも有力であろうと思われる。継体自身も含めて、［天国排開広庭］対［継体・勾大兄・檜隈高田］といった対立図式であった可能性もある。今城塚古墳に三つの石棺が納められていることと考え併せると、興味は尽きない。

安閑・宣化のキサキ

安閑、および宣化のキサキについても述べておこう。安閑は、仁賢の王女のほか、許勢《こせ》氏と物部《もののべ》氏から、合わせて四人のキサキを入れているが、王子女はいない。そもそも、安閑の即位自体にも疑問が残るのであり、後継者を残すこともなかった。

一方の宣化には、仁賢の王女である橘仲王女《たちばなのなかつのひめみこ》のほか、大河内稚子媛《おおしこうちのわくごひめ》というキサキがいたとされている。これらのうち、橘仲王女が産んだ三人の王女が、天国排開広庭王子のキサキとなっている。これらの婚姻によって、両派の対立の収拾をはかったのであろう。

また、王子もそれぞれ一人ずつ産んだが、いずれも皇親《こうしん》氏族の祖とはなっても、大王家の嫡流を創出することはできなかった。

欽明の即位とキサキ

雄略が死んで以来の列島全体の動揺は、六世紀前半に、蘇我《そが》氏の勢力を背景にした欽明の即位によって、ひとまず収束した。大王《おおきみ》欽明と蘇我稲目《いなめ》の下に結集したヤマト政権の支配者層は、国内における王権の分裂、国外における対朝鮮関係の破綻という「非常時」の中で結集し、新たな段階の権力集中を行なったのである（倉本一宏「氏族合議制の成立」）。

五世紀に大王家の外戚《がいせき》となっていた葛城《かずらき》氏から稲目の代に分立した蘇我氏は、東漢《やまとのあや》氏などの渡来系氏族を配下に置くことによって、王権の実務や財政を管掌した。稲目はオオマヘツキミ（大臣）として王権の政治を統括する一方、女の堅塩媛《きたしひめ》と小姉君《おあねのきみ》を欽明のキサキとし、多くの王子女の外戚となることによって、その権力を強めた（加藤謙吉《かとうけんきち》『蘇我氏と大和王権』）。

欽明のキサキとしては、まず石姫王女《いしひめのひめみこ》・稚綾姫王女《わかあやひめのひめみこ》・日影王女《ひかげのひめみこ》といった宣化王女の三人が挙げられる。この三人は、王子三人と王女一人を産んだが、特に当初は大后的な地位にあったとされる石姫王女の産んだ訳語田渟中倉太珠敷王子《おさたのぬなくらのふとたましきのみこ》（後の敏達《びたつ》）が、もともとの大王家嫡流の立場にあったはずである。近親婚を導入することによる、特殊な血統としての王統の形成を意図したものとされる（篠川賢《しのかわけん》『飛鳥の朝廷と王統譜』）。

一方、この三人の王女との先後関係は不明であるが、稲目の女の堅塩媛と小姉君が、キサキとなっている（ほかに春日糠子《かすがのあらこ》がいる）。堅塩媛は大兄王子《おおえのみこ》（後の用明《ようめい》）をはじめとする七人の王子と額田部王女《ぬかたべのひめみこ》（後の推古《すいこ》）を含む六人の王女、小姉君は泊瀬部王子《はつせべのみこ》（後の崇《す》峻《しゅん》）を含む四人の王子と一人の王女を、それぞれ産んでいる。

欽明は、自己の権力を支えてくれている蘇我氏出身のキサキと、大王家出身のキサキの両方から後継者を儲け、蘇我系嫡流（しかも二系統の蘇我系）、非蘇我系嫡流を創出したことになるのであるが、蘇我系のキサキから生まれた王子の方が多いというのは、政治的選択によるものであろうか。

この後の倭国における大王位継承をめぐる動きは、これらの蘇我系、非蘇我系（薗田香《そのだこう》融《ゆう》氏の言われた「純皇室系」）の王子女を軸として、繰り広げられることになるのである。

なお、河内祥輔《こうちしょうすけ》氏は、大王と前大王の女との間に生まれた王子が次の大王になるという直系継承を原理としていたと考えられた（河内祥輔『古代政治史における天皇制の論理』）。

しかし、このような大王位継承原理が存在したとしても、それはあくまで理念上の産物なのであり、実際の政治情勢がすべてこの原理に沿って動くわけではない。河内氏は、この原理に沿わない大王位継承をすべて「傍系」や「中継ぎ役」として説明されているが、実際にはこれらの例外の方が多いのであるから、もはやそれを原理と称してよいものか、躊躇せざるを得ない。

例外的な状況も説明し得る論理となると、やはり現大王の子の優先、男子（王子）の優先、母方の血統の優先（大王の女か蘇我氏出身の女）、それに大王位継承有資格者による長幼の順による世代内継承（大平聡《おおひらさとし》「日本古代王権継承試論」）といった程度の緩やかなものを想定した方がいいのではなかろうか。

推古の大王位継承構想とその破綻

次に、六世紀後半から七世紀前半における大王位継承について、額《ぬか》田部王女《だべのひめみこ》（後の推古《すいこ》。豊御食炊屋姫尊《とよみけかしきやひめのみこと》とも）を中心にして考えてみよう。

敏達と額田部王女

後に大王位に就き、推古と謚《おくりな》されることとなる額田部王女は、『日本書紀《にほんしょき》』の年紀による欽明《きんめい》十五年（五五四）、欽明と蘇我稲目《そがのいなめ》の女《むすめ》の堅塩媛《きたしひめ》との間の第四子として生まれた。

欽明の非蘇我系嫡流は、宣化《せんか》の女の石姫王女《いしひめのひめみこ》が産んだ訳語田渟中倉太珠敷王子《おさたのぬなくらのふとたましきのみこ》（後の敏達《びたつ》）であったと思われるが、額田部王女は、欽明三十二年（五七一）、十八歳でその訳語田渟中倉太珠敷王子のキサキとなった。同族内の異母兄妹間婚姻であるが、非蘇我系王子であった訳語田渟中倉太珠敷王子にとって、蘇我系の王女との婚姻は、蘇我氏との融和を軸とする権力確立の一環であったと言えよう。

翌年、訳語田渟中倉太珠敷王子は大王位に就いたが、敏達四年（五七五）に大后《おおきさき》の息長《おきながの》広姫《ひろひめ》（息長《おきながの》真手《まての》王《おおきみ》の女とされる）が死んだ後は、額田部王女が大后的な地位に立ったものと思われる。そして額田部王女は二男五女を産んでいる。出生順に、廐戸王子《うまやとのみこ》のキサキとなった菟道貝鮹王女《うじのかいだこのひめみこ》、竹田王子《たけだのみこ》、押坂彦人王子《おしさかのひこひとのみこ》のキサキとなった小墾田王女《おはりだのひめみこ》と桜井《さくらいの》弓張王女《ゆみはりのひめみこ》、鸕鷀守王女《うもりのひめみこ》、尾張王子《おわりのみこ》、田村王《たむらのおおきみ》（後の舒明《じょめい》）のキサキとなった田眼王女《ためのひめみこ》である。後の話になるが、四人の王女が有力王子と婚姻していることになる（図3）。

敏達のキサキとしては、蘇我系の額田部王女のほかには、非蘇我系の三人（息長広姫・春日老女子《かすがのおみなご》・伊勢大鹿菟名子《いせのおおかのうなこ》）がいた。広姫は王子一人（押坂彦人王子）と王女二人、老女子は王子四人と王女一人、菟名子は王女二人を、それぞれ産んでいる。これらのうち、広姫が産んだ押坂彦人王子と、伊勢から貢上された采女《うねめ》である菟名子が産んだ糠手《あらて》姫王女《ひめのひめみこ》との間に生まれたのが、非蘇我系嫡流としての田村王ということになる。以上、非蘇我系嫡流であった敏達は、蘇我系・非蘇我系の両者と婚姻関係を結び、蘇我系嫡流の後継者（竹田王子）、非蘇我系嫡流の後継者（押坂彦人王子）を、ともに創出したのである。

さて、額田部王女が三十二歳となった敏達十四年（五八五）八月、敏達は死去した。広《ひろ》瀬《せ》において殯宮《もがりのみや》が営まれ、九月に額田部の同母兄である大兄王子《おおえのみこ》が大王位に就いた（用《よう》明《めい》）。こちらは欽明王子の世代における蘇我系（堅塩媛流）の嫡流ということになる。

用明のキサキとしては、蘇我系が小姉君《おあねのきみ》所生の穴穂部間人王女《あなほべはしひとのひめみこ》と、稲目の女の蘇我石《いし》寸名《きな》の二人、非蘇我系が葛城広子《ひろこ》一人が挙げられる。穴穂部間人王女が王子四人、石寸名が王子一人、広子が王子一人・王女一人を、それぞれ産んでいるが、穴穂部間人王女が産んだ四人の王子の中に、廐戸王子がいる。これは蘇我系の後継者を創出したということになるのである。

敏達死後の紛争

そのころ、額田部王女は敏達殯宮に籠っていたが、用明元年（五八六）、小姉君所生の穴穂部王子《あなほべのみこ》が、額田部王女を奸《おか》そうと敏達殯宮に乱入しようとして、敏達の寵臣であった三輪逆《みわのさかう》に阻止されるという事件が起こった。穴穂部王子としても、前大王の大后であった額田部王女をみずからのキサキにすることによって、大王位継承者としての地歩を確立しようとしたのであろう。ここには、蘇我系内部における、堅塩媛系と小姉君系との間の、微妙な対抗関係が窺えるのである。

用明二年（五八七）四月に用明が病に倒れると、穴穂部王子は大王宮に入った。そのと

図3　蘇我系・非蘇我系王統系図

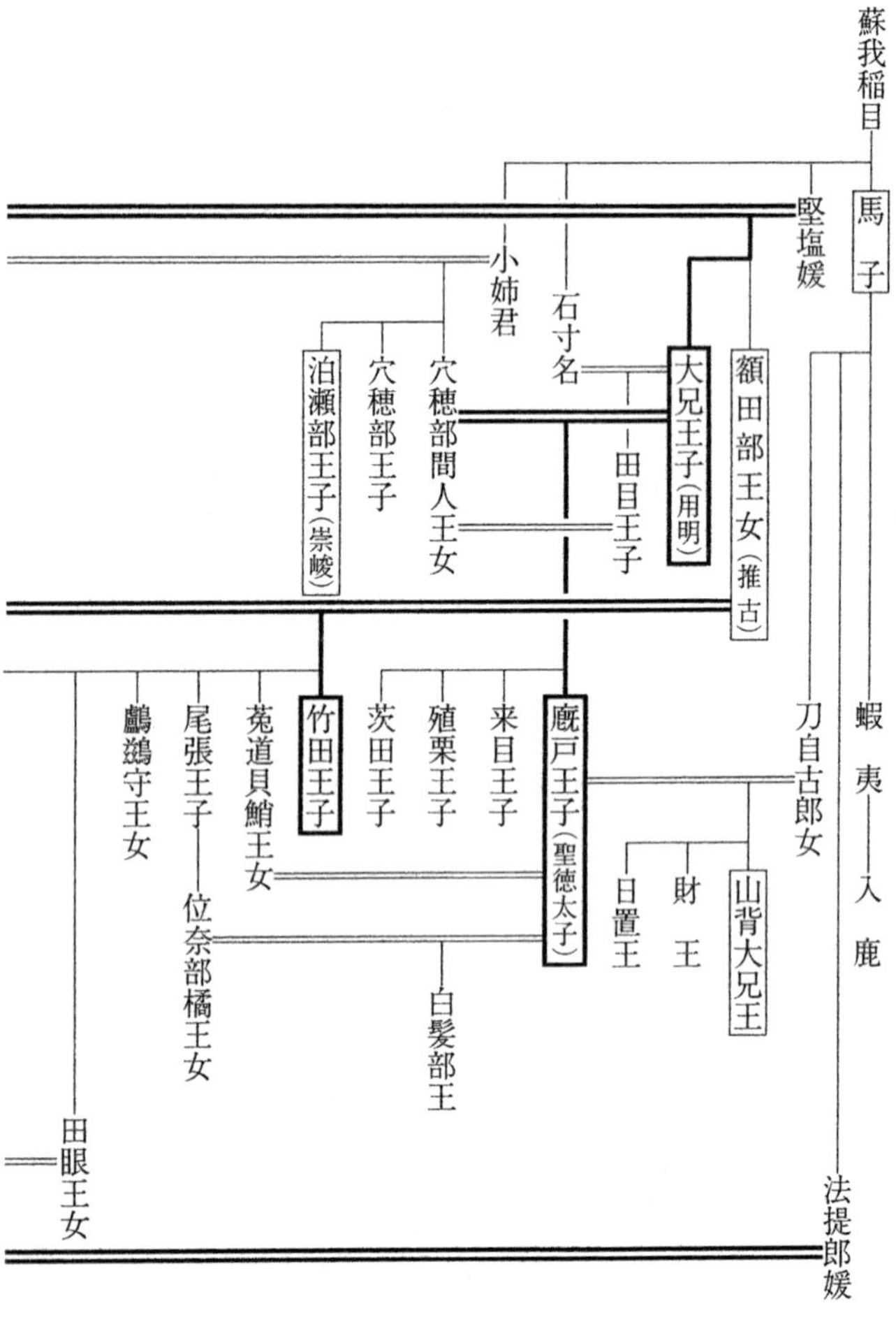

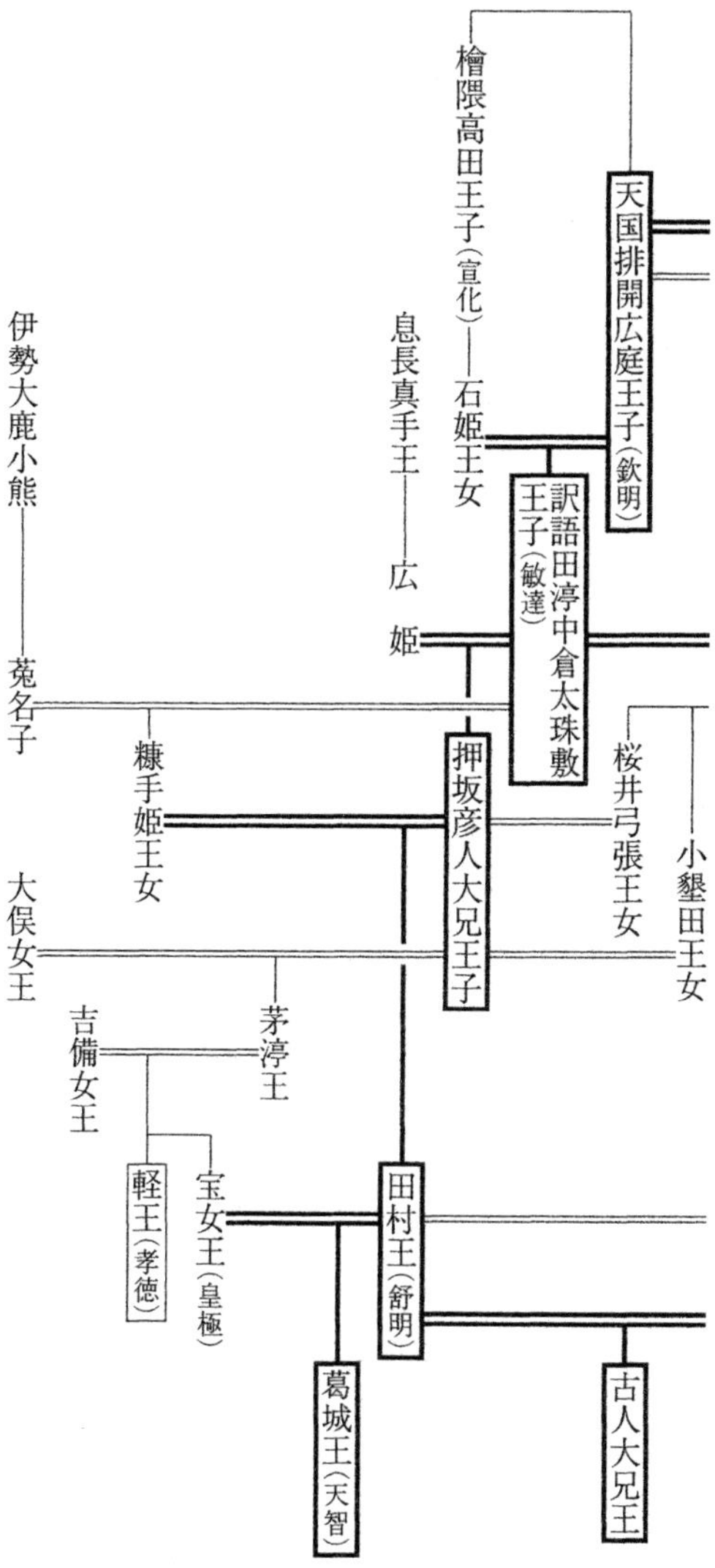

（注）　嫡流は太線で示した

き、物部守屋《もののべのもりや》と中臣勝海《なかとみのかつみ》が、当時大兄と称されていた敏達の長子である押坂彦人王子と額田部王女所生の長子である竹田王子を厭魅《えんみ》した。欽明王子の生き残りである穴穂部王子と、欽明嫡流である敏達の王子である押坂彦人王子（非蘇我系嫡流）や竹田王子（蘇我系嫡

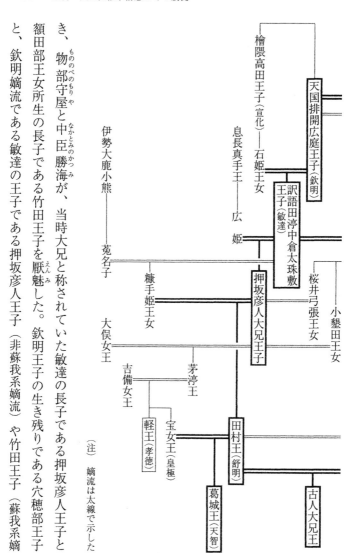

流）との世代間抗争は、マヘツキミ（大夫）層を巻き込んで熾烈なものとなっていったのである。

崇峻の即位　そして用明が死去した後の五月、物部守屋が穴穂部王子を擁立しようとしたことを知った蘇我馬子《うまこ》は、六月、

蘇我馬子宿禰等、炊屋姫尊を奉りて、佐伯連《さえきのむらじ》丹経手《にうて》・土師《はじ》連磐村《いわむら》・的臣《いくはのおみ》真噛《まくい》に詔して曰はく、「汝等、兵を厳《よそ》ひて速《すみやか》に往きて、穴穂部皇子と宅部《やかべ》皇子とを誅殺《ころ》せ」とのたまふ。

（蘇我馬子宿禰らは、炊屋姫尊を奉じ、佐伯連丹経手・土師連磐村・的臣真噛に詔して、「お前たちは兵備を整えて急行し、穴穂部皇子と宅部皇子とを殺せ」と言った）

とあるように（『日本書紀』崇峻天皇即位前紀《そくいぜんき》）、穴穂部王子と宅部王子（宣化王子とされる）を誅殺《ちゆうさつ》したのである。この軍事行動が、額田部王女の「詔」を奉じたものであったことは、堅塩媛所生の欽明王女であり、前大王の大后であった額田部王女の紛争調停に際しての権威が、著しく増大していたことを示している。

七月、蘇我馬子は諸王子とマヘツキミ（大夫）層を糾合《きゆうごう》し、物部守屋を討滅した。いわゆる物部戦争である。このときに馬子麾下《きか》に参加した王子は、泊瀬部王子《はつせべのみこ》・竹田王子・廐

戸王子・難波王子《なにわのみこ》・春日王子《かすがのみこ》であった。泊瀬部王子のみが欽明の王子、ほかは一世代下の、用明の王子と、敏達の王子である。

この戦乱の後に定められた次の大王《おおきみ》は、ただ一人の欽明王子の生き残りである泊瀬部王子（後の崇峻《すしゅん》）しか考えられなかったであろう。旧世代が存在する中で世代交代を行なうと、どの王統に降ろすかをめぐって、紛争が起こりやすい。とりあえずの応急措置として旧世代を即位させる「世代内継承」というのは、きわめて穏当な選択であった。

こうして即位した崇峻であったが、その即位記事において、この即位が額田部王女とマヘツキミ（大夫）層とによる推戴であったとされていることは重要である。大王選定における額田部王女の発言力の増大は、もはや単なる紛争調整勢力にとどまるものではなかろう。

ところが、崇峻五年（五九二）十一月、おそらくはマヘツキミ（大夫）層の同意の下、蘇我馬子が崇峻を殺してしまった。これで欽明の子の世代の王子は底を突き、次期大王の選定は、欽明二世王の世代を軸として行なわれることとなったのである。

なお、崇峻のキサキとしては、非蘇我系の大伴小手子《おおとものこてこ》のみが明記されている（蘇我馬子の女の河上娘《かわかみのいらつめ》が「嬪」として見えるが、実際に崇峻のキサキであったかどうかは不明）。小手子は王子一人・王女一人を産んだものの、伴造《とものみやつこ》系の大伴氏から生まれた王子には、大王位継承権はなかったであろう。本来、崇峻自体が小姉君系蘇我系の出身であったが、結局、崇峻は非蘇我系嫡流後継者も、蘇我系嫡流後継者も創出し得ない立場であった。

女帝推古の誕生

敏達（非蘇我系嫡流）―用明（蘇我系〈堅塩媛系〉嫡流）―崇峻（蘇我系〈小姉君系〉嫡流）と、欽明王子の世代の大王位継承が続いたものの、崇峻の異常な死によってこの世代の王子が底を突き、世代交代を迫られることとなった。ところが、欽明二世王の世代には、即位した大王の王子だけでも、敏達と広姫との間に生まれた押坂彦人王子、敏達と額田部王女との間に生まれた竹田王子・尾張王子、用明と穴穂部間人王女《あなほべのはしひとのひめみこ》との間に生まれた廐戸王子・来目王子《くめのみこ》・殖栗王子《えくりのみこ》・茨田王子《まんたのみこ》など、多数の王子が存在していた（図4）。

ほかに敏達の王子として春日老女子《かすがのおみなご》の産んだ難波王子・春日王子・大派王子《おおまたのみこ》、用明の王子として葛城広子の産んだ麻呂子王子《まろこのみこ》、崇峻の王子として大伴小手子の産んだ蜂子王子《はちのこのみこ》がいたが、これらは生母の出自に問題があり、大王位を継承するのは難しかったものと思われる。

これらのうち、崇峻の死亡時に何人が存命し、何人が成人に達していたかは不明である。

図4　欽明二世王

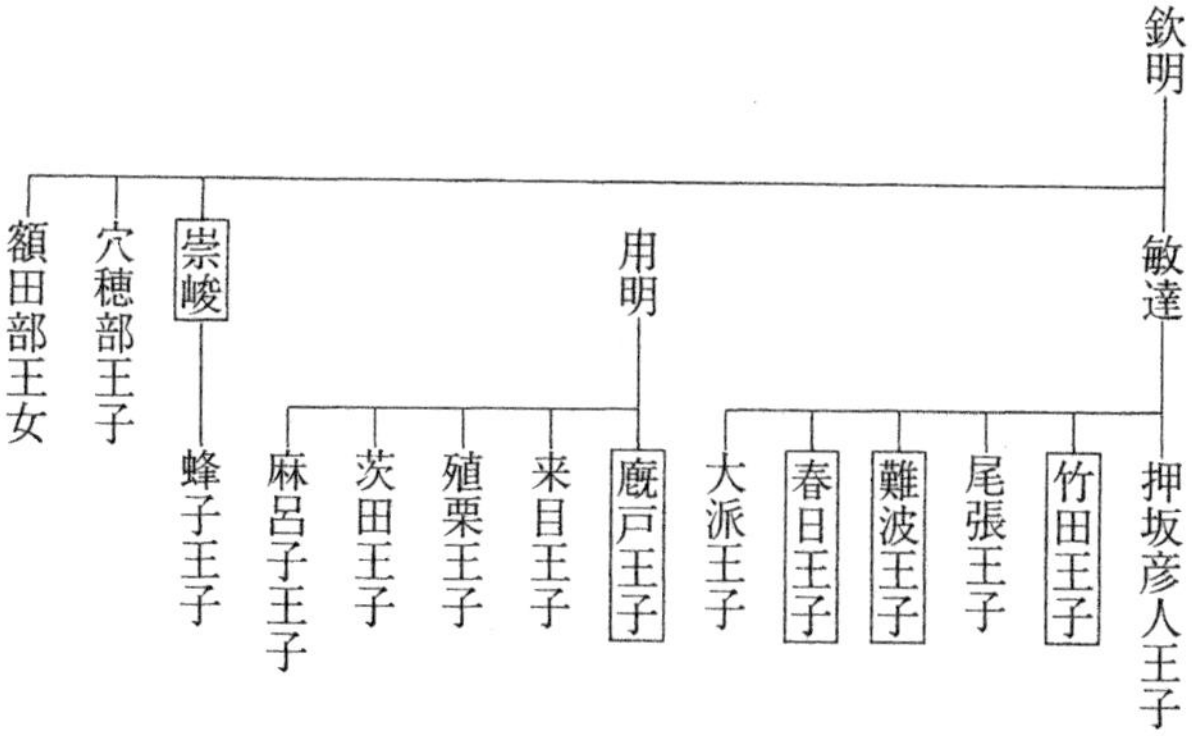

（注）□は物部戦争に参加した王子

この時点ですでに押坂彦人王子と竹田王子が死亡していたと見る考えも存在するが、押坂彦人王子も竹田王子も、呪詛《じゅそ》の対象となったり、物部守屋討滅軍に参加したりしていることから、この時点では存命していた可能性が高い。

崇峻の死亡時点において、押坂彦人王子・竹田王子・廐戸王子などの候補が多数存在し、蘇我馬子もマヘツキミ（大夫）層も、そのうちのどれを選べばいいかがわからない状態だったのであろう。また、各氏族が別々の王子を支持して政治抗争を始めるというのは、隋《ずい》の中国統一を承けた当時の内外の政治情勢から考えると、どうしても回避したい事態だったはずである。

紛争を避けるための緊急避難的な措置として、それまで前大后として政治紛争の解決や調整に実力を見せてきた欽明の王女である額田部王女を即位させるというのは、ぎりぎりの選択だったことであろう。こうして、最後の欽明王子女の「世代内継承」が行なわれ、はじめての女帝が出現したのである（荒木敏夫《あらきとしお》「女帝と王位継承」）。もちろん、これまで示してきた大后としての執政能力や紛争調停の経験、それに三十九歳という年齢を考慮したものであることは、言うまでもない。

このような経緯を経て、十二月、推古は大王位に就いた。当時は譲位《じょうい》の慣行も皇太子の制度もなく（荒木敏夫『日本古代の皇太子』）、欽明二世王の世代の後継者選定は、推古の死後まで持ち越されることとなったのである。

推古の大王位継承構想と廐戸王子の立場

また、時期は確定できないが、推古の甥で、蘇我堅塩媛所生の用明を父に、蘇我小姉君所生の穴穂部間人王女を母に持つという蘇我系王族の廐戸王子が政権に参画した。廐戸王子が政権に参画したということは、その時点以前に竹田王子が死去していた可能性が高い。押坂彦人王子もその時点では死去していたであろうことを考え併せると、欽明二世王世代の代表として、廐戸王子が次期大王位継承候補者として浮上していたことは、十分に考えられるところである。

ただし、厩戸王子はいまだ二十歳前後であったと思われ、彼が即位するためには、推古につなぎ役として在位し続けてもらっている間に政権担当の実績を積みながら、推古の死を待つしかなかったのである。

なお、『日本書紀』に見える「皇太子」という呼称や、「摂政《せっしょう》」という職位は後世の潤色であろうし、『隋書《ずいしょ》』東夷《とうい》伝倭国条に見える「利（和《ワ》）歌弥多弗利《カミタフリ》」という呼称も、一人に確定した大王位継承者を表わすものとは考えられない。

ここで非蘇我系嫡流である押坂彦人王子のキサキについてふれておくと、彼は蘇我系の小墾田王女と桜井弓張王女、非蘇我系の糠手姫王女、系譜不明の大俣女王《おおまたのひめおおきみ》をキサキとしたが、そのうち、糠手姫王女が王子三人、大俣女王が宝王女《たからのひめおおきみ》（後の皇極《こうぎょく》）や軽王《かるのおおきみ》（後の孝徳《こうとく》）の父となる茅渟王《ちぬのおおきみ》を産んでいる。糠手姫王女が産んだ三人の王子のうちの一人が、非蘇我系嫡流を継承する田村王となるのであるが、両系と婚姻したものの、押坂彦人王子が非蘇我系嫡流後継者しか残さなかったというのは、政治的な選択であった可能性も高い。

さて、話を推古朝の権力中枢に戻すと、ここで想起すべきが、先にもふれた推古所生王女と有力王族との婚姻である。第一女の菟道貝鮹王女が厩戸王子と、第二女の小墾田王女と第五女の桜井弓張王女が押坂彦人王子と、第四女の田眼王女が田村王と、それぞれ婚姻関係を結んでいるのである。尾張王子の女の位奈部橘王女《いなべのたちばなのひめみこ》も厩戸王子と婚姻していることも併せ、これらは単なる同族内婚姻として片付けられるものではなく、竹田王子亡き後の大王位継承に関して、蘇我系の厩戸王子と非蘇我系の押坂彦人王子（およびその子の田村王）の双方に目配りをしている推古の姿が浮かび上がるのである。

そして、蘇我馬子が女の刀自古郎女《とじこのいらつめ》を厩戸王子に配していることも考慮に入れるならば、推古・馬子の双方にとって、厩戸王子が次の時代の王統の祖に坐ることは、既定の方針であったと考えるべきであろう。推古にとってみれば、菟道貝鮹王女と厩戸王子との間に生まれる王子こそが、次代の王統の中心となるはずであると認識されていたはずである。

推古の大王位継承構想の挫折

しかしながら、推古が有力王子三人に配した四人の王女は、ほとんど王子を残すことはなかった。『上宮聖徳法皇帝説《じょうぐうしょうとくほうおうていせつ》』によれば位奈部橘王女が白髪部王《しらかべのおおきみ》、桜井玄王《さくらいのゆみはりのみこ》が山代王《やましろのおおきみ》と笠縫王《かさぬいのおおきみ》を産んだことになっているが、それらが史実であるかどうかは疑わしい。これによって、蘇我系王族の女性が蘇我系嫡流の王子を残すことはなくなってしまったのである。

一方、蘇我刀自古郎女からは、山背大兄王《やましろのおおえのおおきみ》・財王《たからのおおきみ》・日置王《ひおきのおおきみ》と三人の王が生まれ、こちらが廐戸王子の後継者としての勢力を有することとなってしまった。これが廐戸王子の政治的選択によるものかどうかは、知る由もない。

その間にも推古は長命を保ち、廐戸王子が即位する機会は遠のいてしまった。そして推古二十九年（六二一。推古三十年〈六二二〉とする史料もある）、廐戸王子は斑鳩宮《いかるがのみや》（現奈良県生駒《いこま》郡斑鳩町法隆寺《ほうりゅうじ》山内《さんない》）に死去した。これで推古の大王位継承構想は、完全に破綻してしまった。欽明の王女であった自身が長い在位を重ねてしまっている間に、欽明二世王の世代も底を突いてしまったのである。『大安寺伽藍縁起《だいあんじがらんえんぎ》幷《ならびに》流記資財帳《るきしざいちょう》』で推古が田村王を廐戸王子の病床に遣し、廐戸王子が田村王に熊凝《くまこり》寺を譲ったと伝えているのは、嫡流の交替を象徴しているものと言えよう。

なお、廐戸王子のキサキとしては、蘇我系の蘇我刀自古郎女・菟道貝鮹王女・位奈部橘王女のほかに、非蘇我系の膳《かしわでの》菩岐々美郎女《ほききみのいらつめ》がおり、こちらも王子五人・王女三人を残している。新たに蘇我系嫡流の地位に立った廐戸王子は、蘇我系・非蘇我系の両方と婚姻し、多くの王子女を残したが、その後継者は山背大兄王をはじめとする蘇我系王族であった。

さて、推古は、次の大王位継承構想を打ち出せないでいるまま、推古三十六年（六二八）二月に病に倒れると、三月六日に非蘇我系嫡流の田村王と蘇我系嫡流の山背大兄王に

図５　植山古墳から見た丸山古墳

対して、それぞれ「遺詔《いしょう》」を残し、三月七日、ついに死去した。ときに七十五歳、三十六年間の在位であった。

推古の「遺詔」

推古の死後、その「遺詔」をめぐって、新たにオオマヘツキミ（大臣）を継いだ蘇我蝦夷《えみし》とマヘツキミ（大夫）層は大混乱を来たすのであるが、推古が三月六日に二人の王に残した「遺詔」というのは、『日本書紀』による限り、いずれを次期大王に指名したかは、明らかである。

まず、田村王に対しては、「天位《たかみくら》に昇りて鴻基《あまつひつぎ》を経《おさ》め綸《ととの》へ、万機《よろずのまつりごと》を馭《しら》して黎元《おおみたから》を亭育《やしな》ふことは、本より輙《たやす》く言ふものに非ず。恒《つね》に重みする所なり。故《かれ》、汝《いまし》慎みて察《あきらか》にせよ。軽《かるがる》しく言ふべからず（皇位に就いて国の基を整え、政務を統《す》べて人々を育むということは、もともと安易に口にすべきことではありません。私はお前をいつも重く見ています。それゆえ、行動を慎み、よく物事を見通すように心がけなさい。軽々しく物を言ってはなりません）」と、即位を前提とした、大王としての心得を説いているのに対し（『大安寺伽藍縁起幷流記資財帳』では、「今、汝、極位に登り、宝位を授け奉る」とある）、山背大兄王に対しては、「汝は肝稚《きもわか》し。若し心に望むと雖も、諠《とよ》き言ふこと勿《まな》。必ず群《まえつきみたち》の言を待ちて従ふべし（お前はまだ未熟です。心でこうしたいと思うことがあっても、あれこれと言ってはなりません。必ず人々の意見を聞き、それに従うのです）」と、大王位への執着を見せてはならないという戒めであった。

推古が田村王を選んだのは、すでに宝女王《たからのひめおおきみ》（後の皇極《こうぎょく》）との間に葛城王《かずらきのおおきみ》（後の天《てん》智《じ》）、蘇我法提郎媛《ほてのいらつめ》との間に古人大兄王《ふるひとのおおえのおおきみ》を儲けているという、非蘇我系と蘇我系のいずれに転んでも次の世代に王統を残せるという優位性によるものであったと思われる。

蘇我本宗家《ほんそうけ》（この時点では蝦夷）にとっても、蘇我氏の血があまりに濃く、父が即位したわけでもない二世王の山背大兄王よりも、支配者層全体の支持を広く集められそうで、将来の古人大兄王への継承を期待できる田村王（これも二世王ではあるが）を選択したことになる。

その七十年以上の生涯において、ついに王統を創出できなかった推古は、安全弁とも言える後継者を指名したのであったが、田村王自身には、王族内部における非蘇我系王統と蘇我系王統、マヘツキミ（大夫）層内部における非蘇我系氏族と蘇我系氏族、蘇我氏内部における本宗家と反本宗家という、数々の矛盾が内包・付随されていた。これらがやがて噴出するとき、倭国に未曾有の政変が訪れることになるのである。

なお、舒明のキサキとしては、先にふれたように、蘇我系が二人（蘇我法提郎媛・田眼王女）、非蘇我系が二人（宝女王・吉備《きび》国蚊屋采女《かやのうねめ》）である。それぞれから、古人大兄王、葛城王という、有力な後継者が生まれており、舒明は両系統の後継者を創出するという、王統の始祖としての立場を獲得することになるのである。

乙巳の変と大王位継承

皇極《こうぎょく》四年（六四五）に起こった乙巳《いっし》の変と、それに続く権力抗争を、非蘇我《そが》系王統と蘇我系王統の大王位継承争いの一連の流れの中で理解してみよう。

上宮王家の討滅

まず、オオマヘツキミ（大臣）蘇我蝦夷《えみし》の立場としては、舒明《じょめい》から蘇我系嫡流の古人《ふるひと》大兄王子《おおえのみこ》への大王位継承を期待していたはずであった。しかし、舒明十一年（六三九）に蘇我氏の地盤である飛鳥《あすか》から離れた百済《くだら》の地に大宮と大寺（現奈良県桜井《さくらい》市吉備《きび》の吉備池《きびいけ》廃寺《はいじ》）の造営を始めるなど、舒明は蘇我氏とは一線を引いた立場を見せ始めた。

舒明自身は舒明十三年（六四一）に死去してしまうが、その殯宮《もがりのみや》に葛城王子《かずらきのみこ》（後の天《てん》智《じ》)が誄《しのびごと》を奉ったと『日本書紀《にほんしょき》』に記されているというのも、非蘇我系王統嫡流として の葛城王子の存在感の増大によるものであろう(『日本書紀』には「東宮開別皇子《ひらかすわけのみこ》」と記されている。なお、葛城王子の東宮という地位も、誄奉呈という行為も、史実とは見なしがたい)。

そのような情勢もあってか、舒明の死後に大王位に就いたのは、舒明の大后《おおきさき》の地位にあった宝女王《たからのひめおおきみ》であった(皇極《こうぎょく》)。父は押坂彦人王子《おしさかのひこひとのみこ》の子である茅渟王《ちぬのおおきみ》、母は吉備女王《きびのひめおおきみ》という、非蘇我系王統の女性であった。舒明の後、残された有力王族は、上宮王家《じょうぐうおうけ》の山背大兄王《やましろのおおえのおおきみ》(蘇我系)と、舒明王子の古人大兄王子(蘇我系嫡流)・葛城王子(非蘇我系嫡流)であった。このように、有力候補が複数存在する中で、古人大兄王子や葛城王子に大王位を継承させるとなると、世代交代をともなう。舒明と同世代の山背大兄王が残っている中での世代交代というのは、紛争を招きやすい。しかも、古人大兄王子と葛城王子のいずれに継承させればよいのかが明白になっていないという情勢では、前大王の大后の即位というのは、これまたぎりぎりの選択だったということになる。

なお、山背大兄王というのは、用明《ようめい》の二世王に過ぎず、すでに大王位から離れて久しい王統にあった。蘇我系王統の嫡流が前大王舒明の王子である古人大兄王子に移ってしまっていても、まったく不思議ではなかったのである。このような王族が、斑鳩《いかるが》という地に多数盤踞《ばんきょ》して、独自の政治力と巨大な経済力を擁しているというのは、支配者層全体にとっても、けっして望ましいことではない。

こうして皇極二年（六四三）に上宮王家は討滅されるのであるが、蘇我蝦夷の権力をしのいだとされる入鹿《いるか》の単独行動であるかのように記している『日本書紀』とは異なり、『上宮聖徳太子伝補闕記《じょうぐうしょうとくたいしでんほけつき》』や『聖徳太子伝暦《しょうとくたいしでんりゃく》』では軽王《かるのおおきみ》（後の孝徳《こうとく》）の関与を語り、『藤氏家伝《とうしかでん》上』では「諸皇子」を糾合《きゅうごう》して斑鳩宮を襲ったと記されている。

すでに舒明王子の中での蘇我系王統と非蘇我系王統との大王位継承争いが目前に迫っていたであろうこの時期、旧嫡流蘇我系王統というのは、ほとんどの支配者層にとっては、「旧世代の遺物」と認識されていたのであろう。

乙巳の変

皇極四年六月に起こったクーデターは、一般には葛城王子（中大兄王子《なかのおおえのみこ》）が蘇我蝦夷・入鹿といった蘇我氏本宗家《ほんそうけ》を倒すことを目的としたものと考えられている。しかし、これまでの大王位継承の流れから考えてみると、葛城王子の本当の標的が蘇我系王統嫡流の古人大兄王子であったことは明らかである（図6）。

当時、入鹿は権臣《ごんしん》が傀儡《かいらい》王を立てて専権を振るうという、高句麗《こうくり》と類似した権力集中を

図6　乙巳の変関係系図

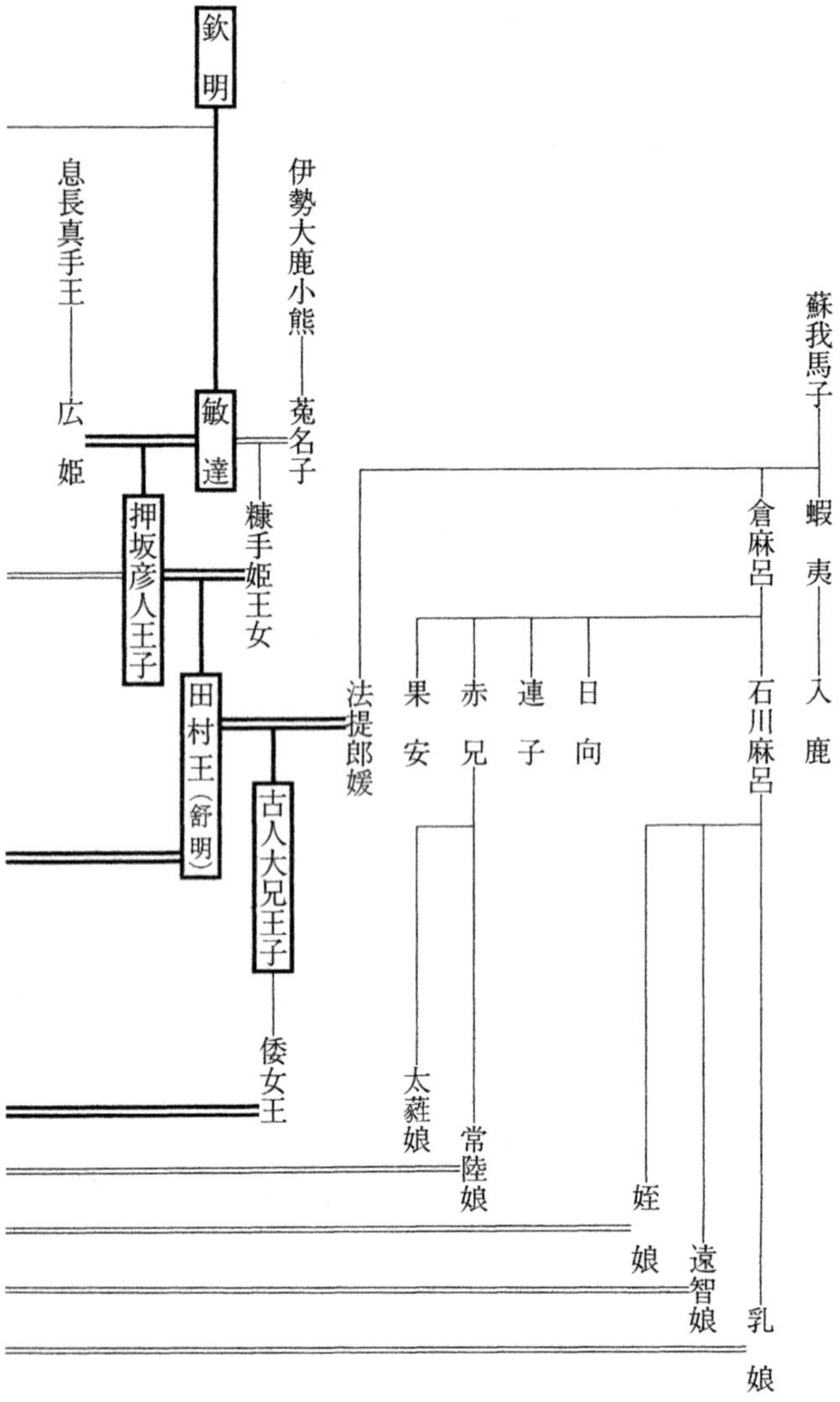
欽明
息長真手王
伊勢大鹿小熊
広姫
敏達
菟名子
押坂彦人王子
糠手姫王女
田村王(舒明)
古人大兄王子
倭女王
法提郎媛
蘇我馬子
蝦夷
入鹿
倉麻呂
石川麻呂
日向
連子
赤兄
果安
太蕤娘
常陸娘
姪娘
遠智娘
乳娘

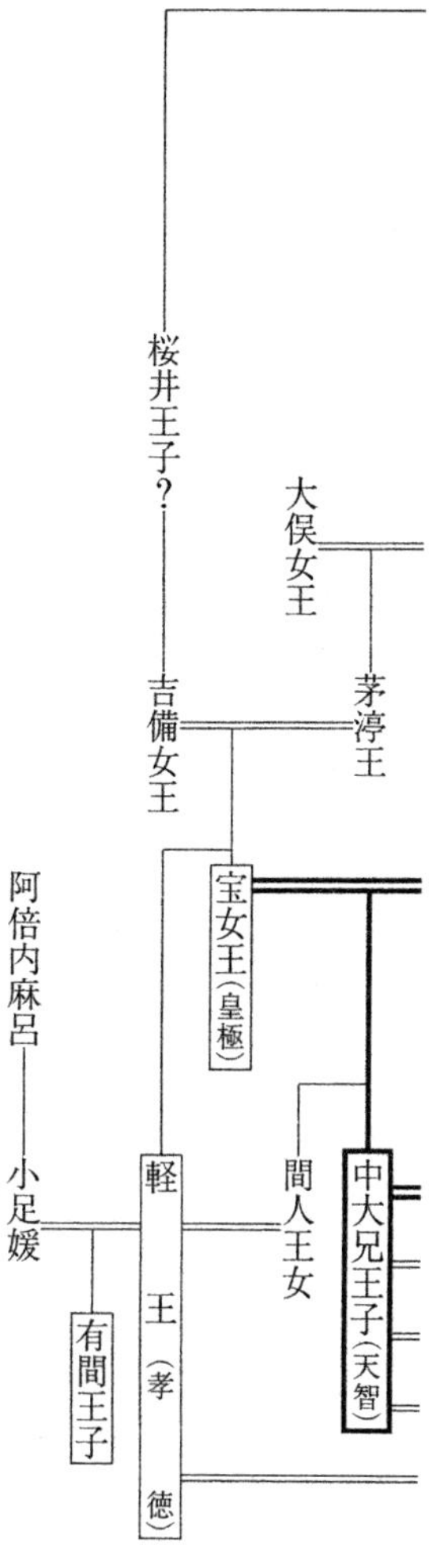

（注）嫡流は太線で示した

目指していた。激動の東アジア国際情勢に対処するには、一見するとこれがもっとも効率的な方式に見えたのであろう。入鹿としては、皇極の死を待って、一刻も早い古人大兄王子への大王位継承を考えていたものと思われる。

その場合、非蘇我系王統の嫡流である葛城王子が障碍となるであろうこともまた、明白であった。ともに中国の最新統治技術を学んでいた入鹿と葛城王子は、いずれが主導権を握って国際社会に乗り出すかで、抜き差しならない対立関係に踏み込んでしまったのである。

飛鳥板蓋宮《いたぶきのみや》（現奈良県高市《たかいち》郡明日香《あすか》村大字岡《おか》の飛鳥宮跡内郭《ないかく》〈Ⅱ期遺構〉）においてクーデ

ターが決行され、蝦夷が甘檮岡《あまかしのおか》の邸宅に火を放ったとき、ほとんどの王族やマヘツキミ（大夫）層は、葛城王子の側に与同した。入鹿の志向した権力集中が、支配者層内部において広範な支持を得られるような性格のものではなかったことによるものであろう。加えて、蘇我氏内部における本宗家と反本宗家の分裂も、その根底には伏在していたものと思われる。

クーデターの現場からは辛くも逃げ帰った古人大兄王子であったが、蘇我氏本宗家が滅びてしまった以上、その命運は尽きていたと言わざるを得ない。

クーデターの結果、史上初の「譲位《じょうい》」が行なわれ、その後に大王位に擁立されたのは、非蘇我系王統庶流の軽王であった（孝徳）。軽王がどれほどの主体性でもってこの政変に参画したかは不明であるが、軽王というのは、父も祖父も即位したわけではない三世王に過ぎない。この点、前大后として即位し得た皇極とは、同母弟とはいっても同列に論じるわけにはいかないのである。

やはりこれまでの大王位継承の流れから見ていく限りにおいては、主導権は葛城王子と、その背後にある中臣鎌子《なかとみのかまこ》（後の鎌足《かまたり》）が握っていたと考えるべきであろう。当時の慣例として、いまだ二十歳に過ぎない葛城王子が即位するわけにはいかず、また古人大兄王子が存在する中での世代交代を避けたものと考えられよう。こうしたさまざまな事情によって、孝徳の即位が実現したのである。

「改新政府」とキサキたち

こうして「改新政府」は、非蘇我系王統庶流の孝徳、非蘇我系王統嫡流の中大兄王子（葛城王子）、非蘇我系王統嫡流である舒明の大后であった前大王の皇極、マヘツキミ（大夫）層代表であった阿倍内麻呂《あべのうちまろ》、蘇我氏の本宗を継いだ倉麻呂《くらまろ》系の石川麻呂《いしかわまろ》、中大兄王子側近の中臣鎌子、ブレーンである旻《みん》や高向玄理《たかむこのくろまろ》によって構成された。

大化《たいか》前代の蘇我氏は大王家と重層的な姻戚関係を結ぶことによって蘇我系王統を創出し、大王家の母方氏族となっていたのであったが、乙巳の変の後においても、「改新政府」の王族たちは、蘇我氏の女《むすめ》を次々とキサキとし、蘇我氏とのミウチ関係を再構築した。

まず、入鹿討滅のクーデターを計画した鎌子は、蘇我石川麻呂の長女を葛城王子のキサキとして石川麻呂をクーデター勢力に引き入れようとしたが、婚姻の日に、その女は石川麻呂の弟の日向《ひむか》に偸《ぬす》まれてしまった。この事件の背景には蘇我氏内部の抗争が存在したのであろうが、結局、次女の遠智娘《おちのいらつめ》が葛城王子のキサキとなり、大田王女《おおたのひめみこ》・鸕野王女《うののひめみこ》（鸕《う》野讃良王女《ののさらのひめみこ》とも。後の持統天皇《じとうてんのう》）・建王子《たけるのみこ》の三人を産んだ。鸕野王女が生まれたのは、こ

図7　難波宮故地

の大化元年（六四五）のことである。

また、おそらくクーデターの後のことであろうと思われるが、阿倍内麻呂の女の小《お》足《たらし》媛《ひめ》と、蘇我石川麻呂の女の乳娘《ちのいらつめ》が孝徳のキサキとなった。孝徳の後宮は、中大兄王子の同母妹の間人王女《はしひとのひめみこ》を大后とし、それに左大臣阿倍内麻呂の女と右大臣蘇我石川麻呂の女が並び立つという、まさに権力の均衡の上に成立したのである。

ただし、これらのうちで王子女を産んだのは、阿倍小足媛が有間王子《ありまのみこ》を産んだのみであった。間人王女を大后とすることによって、非蘇我系嫡流に婿入りする形となった孝徳としてみれば、間人王女から王子を儲けることができていれば、その王子が、もう一つの嫡流となった可能性もあったのであるが……。

次に中大兄王子には、先の遠智娘のほかに、妹の姪娘《めいのいらつめ》、また蘇我赤兄の女の常陸娘《ひたちのいらつめ》もキサキとなった。中大兄王子のキサキは、古人大兄王子の女の倭女王《やまとのひめおおきみ》が大后に、石川麻呂の女の遠智娘と姪娘、赤兄の女の常陸娘、阿倍内麻呂の女の橘娘《たちばなのいらつめ》が並ぶという構成であり、ほかに身分の低い官人や地方豪族の女である宮人《めしおんな》が数人いたが、この中でも蘇我氏所生のキサキの重要性は際立っていた。

さらに、後のことになるが大海人王子《おおしあまのみこ》も、天智と蘇我氏出身のキサキとの間に生まれた大田王女・鸕野王女をキサキとしたほかに、赤兄の女の太蕤娘《おおぬのいらつめ》もキサキとしている。

七世紀後半当時においてもなお、蘇我氏は大臣をはじめとする上級官人を数多く出し得る、第一級の氏族であった。また、蘇我氏は大化前代における唯一の大臣家であったという伝統を有していた。このような伝統を有した蘇我氏の血をみずからの子孫に導入することによって、「改新政府」は支配者層全体から尊貴性を承認され、また王権と旧氏族との融和をも可能にしたのであろう（倉本一宏「古代氏族ソガ氏の終焉」）。

さて、逭々《ほうほう》の体《てい》でクーデター現場という窮地を脱出し、「改新政府」発足にあたっては出家して吉野《よしの》（現奈良県吉野郡大淀《おおよど》町上比曽《かみひそ》の比曽寺《ひそでら》〈世尊寺《せそんじ》〉か）に入った古人大兄王子であったが、それを見逃しておく中大兄王子ではなかった。

古人大兄王子の「謀反」

大化元年（六四五）九月、蘇我田口川堀《たぐちのかわほり》を筆頭とする数人の官人とともに、古人大兄王子が「謀反《むへん》」を計画しているとの密告があった。中大兄王子は「兵若干《そこばく》」（「或本」では「兵四十人」）を吉野に遣し、古人大兄王子を討滅した。

古人大兄王子の与同者とされた者のうち、川堀を除く全員が、その後も官人として活動していることが、この事件の本質を如実に語っているが、問題は、古人大兄王子の死によって蘇我系王統が滅亡し、六世紀以来の大王位継承が、非蘇我系王統の全面勝利によって最終的に決着したということである。これ以降、大王位継承は非蘇我系王統に限定されることになった。

ここに至って、非蘇我系王統の優位が確定していく過程で、母も史実としては地方豪族（近江《おうみ》の息長《おきなが》氏）、キサキの母も地方豪族（伊勢《いせ》の大鹿《おおか》氏）と、本来はあまり有力な王族でもなかったであろう押坂彦人王子《おしさかのひこひとのみこ》が「皇祖」と位置付けられたのであろう（加藤謙吉氏のご教示による)。

同様、古人大兄王子がいなくなれば、旧世代としての孝徳の存在意義も薄れていくことになる。次は非蘇我系王統内部における嫡流と庶流の権力抗争が待ち受けていたのである。

孝徳の死

その後、大化五年(六四九)に至り、三月十七日に左大臣阿倍内麻呂が死去すると、二十四日、蘇我日向は中大兄王子に、右大臣蘇我石川麻呂が中大兄王子を害しようとしている旨を讒言《ざんげん》した。孝徳に直接弁明したいと希望した石川麻呂であったが、翌二十五日、石川麻呂は山田寺《やまだでら》(現桜井市山田)に入って一族多数とともに自経《じけい》した。中大兄王子のキサキであった蘇我造媛《みやつこひめ》(遠智娘のこと)も、やがて「心を傷《やぶ》るに因《よ》りて」死んだ。

この事件は、「古き冠」を着し続けるなど、中大兄王子の主導する新政に容易に服そうとしない左右大臣を、左大臣が死去したのを機会に一気に粛清しようとした権力抗争の現われ、あるいはそれによって新政に不満を持つマヘツキミ(大夫)層への示威を行なおうとした高価な政治劇と見るべきであろう。ここに「改新政府」の権力分裂や蘇我氏内部における分裂と抗争を読み取ることは容易である。しかし、この事件が鸕野王女が五歳という、物心ついたころのことであったことを思うとき、その後の鸕野王女の生き方に深い影

図8　熟田津故地（重信川河口）

を落としているように思えてならない。鸕野王女のこの後の人生を見ていると、この事件をマイナスのトラウマにしているのではなく、かえって冷徹な政治権力としての自己形成に寄与しているようにも思えるのであるが……。

それはさておき、これで残された旧世代は、大王《おおきみ》の孝徳だけになる。旻が死去した白雉《はくち》四年（六五三）、中大兄王子は倭京（飛鳥）に遷ることを孝徳に奏請し、孝徳がこれを拒否すると、皇極・間人王女・大海人王子らを連れ、孝徳を難波宮《なにわのみや》（現大阪《おおさか》市中央《ちゅうおう》区法円坂《ほうえんざか》）に残して飛鳥に移ってしまった。孝徳は譲位を思って、宮を山碕《やまさき》（現京都府乙訓《おとくに》郡大山崎《おおやまざき》町大山崎）に作ろうとしたと、『日本書紀』は語る。

翌白雉五年（六五四）十月、孝徳は難波宮

において死去した。非蘇我系王統庶流である孝徳の死は、大王位継承に大きな影響を及ぼすものではなかったが、次の大王位は、何故か非蘇我系王統嫡流の中大兄王子には受け継がれなかった。

庶流の孝徳が死去したのであるから、大王位は父母ともに大王という嫡流の中大兄王子に戻るのが当然であろうし、そうでなければ前大王の大后で、非蘇我系王統嫡流に属した間人王女が即位するという選択肢もあったはずである（間人王女は、まだ若年ではあったが）。それにもかかわらず、世代を遡らせて、翌年に皇極の重《ちよう》祚《そ》を行なった（斉明《さいめい》）というのは、中大兄王子の側に、よほど即位したくない理由が存在したのであろう。この年三十歳という年齢は、当時としては即位するには若かったかもしれないが、若過ぎるというほどでもない。やはり大王位に就かないまま、フリーハンドで東アジア国際情勢に対処したかったのであろう。

有間王子の変

非蘇我系王統庶流である孝徳が死去したとはいっても、その王子である有間王子に大王位継承権が生じるはずもなかったのであるが、中大兄王子は有間王子の存在も許そうとはしなかった。

有間王子の側が実際に軍事行動を準備していたとすれば話は別であるが、中大兄王子寄

図9　藤白坂現況

りの記述をしているはずの『日本書紀』でさえ、斉明四年（六五八）十一月に有間王子が蘇我赤兄にそそのかされて、「吾が年始めて兵を用ゐるべき時なり（自分もいよいよ武器を取るべき年齢になった）」などと語って謀議を巡らせたとしか描かれていない。これはやはり、中大兄王子の、権力というものに対する資質と呼ぶべきものなのであろう。

有間王子の藤白坂《ふじしろのさか》（現和歌山県海南《かいなん》市藤白）における絞殺によって、中大兄王子に対抗できる王族はいなくなり、王統はまったく限定されてしまった。同母弟の大海人王子の存在を意識し始めるのは、まだまだ先のことであったはずである。

中大兄王子のキサキ

ここで中大兄王子のキサキについて、もう一度まとめておこう。中大兄王子のキサキとしては、まず蘇我系が大后倭女王をはじめ蘇我遠智娘・蘇我姪娘・蘇我常陸娘の四人。このうち、遠智娘から大田王女・鸕野王女（後の持統）・建王子の三人、姪娘から御名部王女《みなべのひめみこ》・阿陪王女《あべのひめみこ》（後の元明《げんめい》天皇）の二人、常陸娘から山辺王女《やまべのひめみこ》が生まれている。

そして非蘇我系が阿倍橘娘・忍海色夫古娘《おしぬみのしこぶこのいらつめ》・栗隈黒媛娘《くるくまのくろめのいらつめ》・越道伊羅都売《こしのみちのいらつめ》・伊賀采《いがのうね》女宅子娘《めやかこのいらつめ》の五人であり、阿倍橘娘から飛鳥王女《あすかのひめみこ》と新田部王女《にいたべのひめみこ》、忍海色夫古娘から川島王《かわしまのみ》子《こ》と大江王女《おおえのひめみこ》・泉王女《いずみのひめみこ》、栗隈黒媛娘から水主王女《もひとりのひめみこ》、越道伊羅都売から施基王子《しきのみこ》、伊賀采女宅子娘から大友王子《おおとものみこ》が、それぞれ生まれている。この五人の中では、阿倍橘娘のみが正式なキサキであり、ほかは伴造《とものみやつこ》氏族の女の宮人か、地方豪族の女の采女の中で、王子女を産んだ者のみが記録されているに過ぎない（図10）。

考えてみれば、たとえば長子である大友王子の生年は大化四年（六四八）であるが、当時はただの前大王の子に過ぎなかった中大兄王子は、どうして采女から何人もの子を儲けることができたのであろうか。実質的に中大兄王子の正妃的存在であった蘇我遠智娘から生まれた鸕野王女が、母の悲劇的な死の後にも、父である中大兄王子が次々と采女と通じ

図10　天智后妃図

（后妃の父）	（后妃）	（所生王子女）
古人大兄王子	倭女王（「皇后」）	
蘇我石川麻呂	遠智娘（「嬪」）	大田王女（大海人王子妃）
		鸕野王女（天武皇后）
		建王子
	姪娘（「嬪」）	御名部王女（高市皇子妃）
		阿陪王女（草壁皇子妃）
阿倍内麻呂	橘娘（「嬪」）	飛鳥王女
		新田部王女（天武妃）
蘇我赤兄	常陸娘（「嬪」）	山辺王女（大津皇子妃）
忍海小龍	色夫古娘（「宮人」）	大江王女（天武妃）
		川島王子
		泉王女
栗隈徳萬	黒媛娘（「宮人」）	水主王女
	越道伊羅都売（采女）	施基王子
	伊賀采女宅子娘（采女）	大友王子

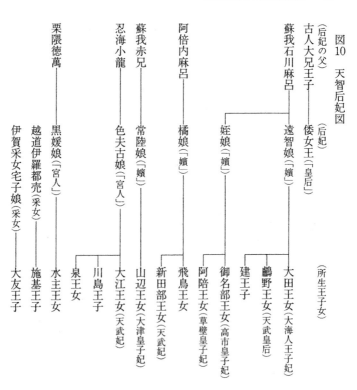

ていたことに対して、そしてその采女が産んだ「弟」に対して、どのような感情を抱いていたかは、よく考えれば壬申《じんしん》の乱への伏線として、鸕野王女の心の中にずっとわだかまっていたとも考えられる。

中大兄王子としては、蘇我系キサキによる新王統創出を計画していたはずであるが、結局、蘇我系キサキからは、健康に問題があり早世してしまった建王子を除けば、王女しか生まれず、非蘇我系キサキからも、正式なキサキからは王女しか生まれることはなかった。三人生まれた王子も、生母の地位に問題があって大王位を継承することはできず、後継者を残すことはできなかったのである。

自己の嫡流王統を創出することができなかった中大兄王子の大王位継承構想については、後に述べることになるが、中大兄王子のこの挫折は、やがて壬申の乱へと続く道を敷くこととなる。

壬申の乱と大王位継承

大海人と大田・鸕野

大田王女と鸕野王女

次に、壬申《じんしん》の乱をめぐる大王位継承について、少し詳しく述べることにしよう。その際、天智《てんじ》（中大兄王子《なかのおおえのみこ》）の大王位継承構想をからめながら、大《おお》田王女《たのひめみこ》・鸕野王女《うののひめみこ》（後の持統天皇《じとうてんのう》）という二人の天智王女と大海人王子《おおしあまのみこ》（後の天武《てんむ》天皇）との関係、大田王女と鸕野王女が産んだ大津王《おおつのおおきみ》と草壁王《くさかべのおおきみ》という存在を軸として、考えていくこととする。

大津王と草壁王の二人が生まれたのは、対唐《とう》・新羅《しんら》戦争の戦中という、まさに東アジア激動の最中であった。大津王の生母は、天智第一王女で蘇我石川麻呂《そがのいしかわまろ》の女《むすめ》の蘇我遠智娘《おちのいらつめ》を母とし、もともと大海人王子の正妃的立場にあったはずの大田王女、草壁王の生母は、

図11　娜大津故地（那珂川河口）

天智第二王女で同じく遠智娘を母とした鸕野王女である（図12）。

十四歳の大田王女と十三歳の鸕野王女が大海人王子のキサキとなったのは、斉明《さいめい》三年（六五七）のことであったが、草壁王は天智元年（六六二）、大津宮《おおつのみや》（筑紫娜大津《つくしのなのおおつ》。現福岡《ふくおか》市博多《はかた》区）において鸕野王女の第一子として出生し（鸕野王女はこの年十八歳）、大津王は翌天智二年（六六三）、これも筑紫娜大津において大田王女の第二子として出生した。なお、大田王女は斉明七年（六六一）に第一子の大伯女王《おおくのひめおおきみ》を出産している。

大田王女が斉明六年（六六〇）に第一子の大伯女王を懐妊して大海人王子から遠ざけられた後の斉明七年に、鸕野王女が筑紫におい

図12　壬申の乱関係系図

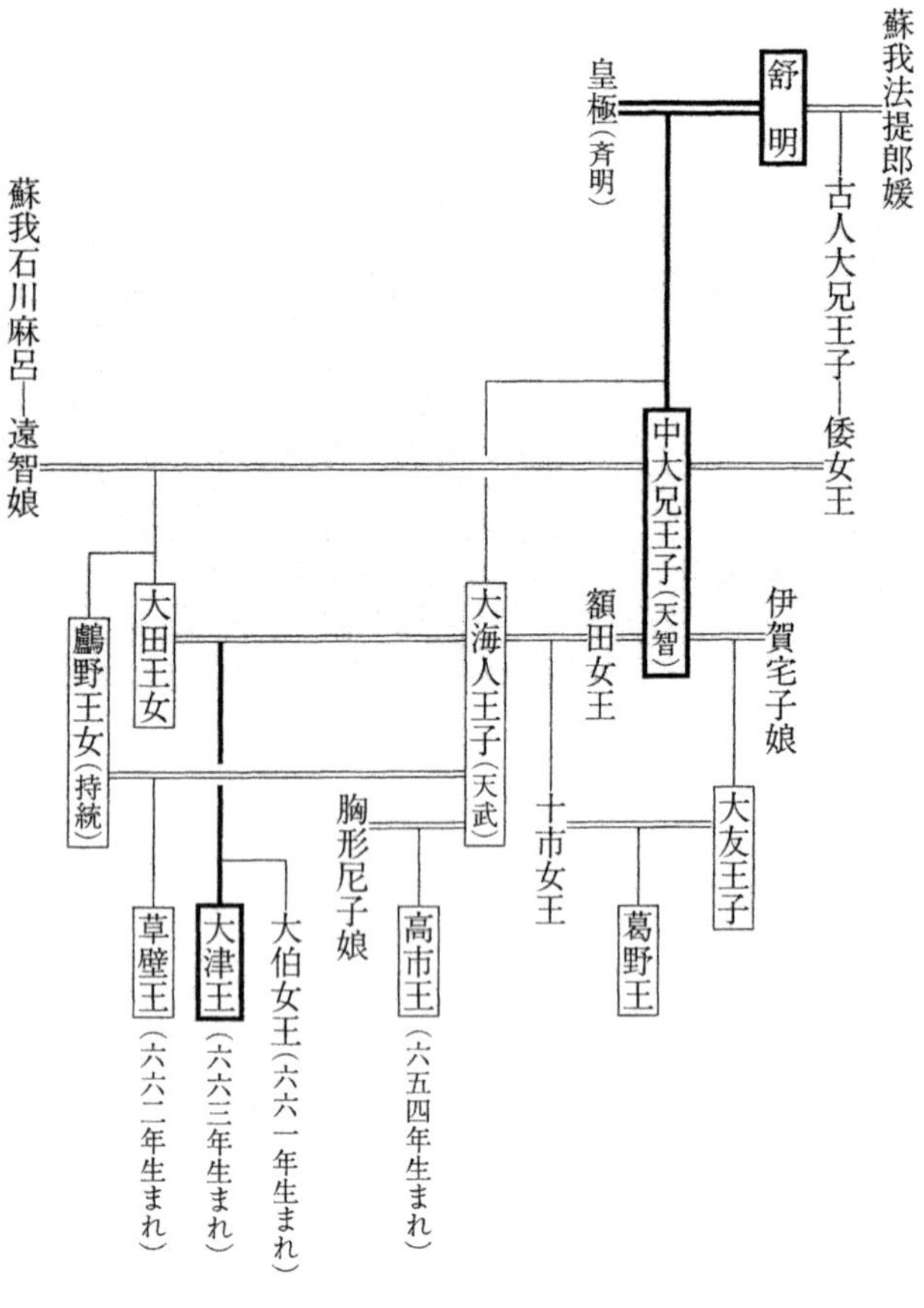

（注）　嫡流は太線で示した

て第一子の草壁王を懐妊し、鸕野王女が大海人王子から遠ざけられている間の天智元年に、大田王女が、筑紫において第二子の大津王を懐妊したということになる。当時、懐妊中の女性は、穢《え》を避けるためか、母体の安全を期すためか、配偶者から遠ざけられることが多く、その間に、同格の妻が存在する場合、そちらが懐妊することが多かったのである。

なお、大田王女は大津王を産んでからそれほどときを隔てず（あるいは出産時か）に死去し、鸕野王女が大海人王子の正妃的立場となったものと思われる。そのことが、大田王女の残した大津王の運命に、大きな影を落とすことになるのである。

大津王と草壁王

これら三人の王子女のうち、大海人王子の正妃的立場にあった大田王女がはじめに産んだのが女性で、妹の鸕野王女から最初の男子である草壁王が生まれている点、そして大田王女が大津王を産んでから死去し、鸕野王女が正妃的立場に就いている点に注目すべきであろう。もし、大津王が草壁王よりも年長であったならば、また草壁王よりも年少であっても大田王女が大海人王子の正妃（後に皇后《こうごう》）として存命していたならば、二人の王の運命は、まったく異なるものになっていたはずだからである。

その後は、鸕野王女から王子女が生まれることはなかった。大海人王子は、その後も多くの王子女を残しており、また草壁王出産時に十八歳という妙齢であった鸕野王女も、その後に健康を害したとは思えないことから、これは大海人王子か鸕野王女のいずれかが、鸕野王女の第二子懐妊を回避（あるいは忌避）したとしか考えられない。私は、姉の大田王女の早世に鑑《かんが》みた鸕野王女が、その轍《てつ》を踏まぬために、大海人王子との関係を絶ち、草壁王の養育に専念したように思えてならない。

さて、この二人の王子の養育は、草壁王は鸕野王女の許で行なわれ、草壁吉士《くさかべのきし》が乳母《めのと》氏となったものと思われる。一方、大津王の方は、乳母氏の名ではなく、出生地の地名で王名が称されている点（これは大伯女王も同様である）、大海人王子と鸕野王女の吉野《よしの》入りの際に、大津宮に留まっている点、『日本書紀《にほんしょき》』持統天皇即位前紀《そくいぜんき》に「天命開別天皇《あめみことひらかすわけのすめらみこと》の為に愛《めぐ》まれたてまつりたまふ（天智天皇に愛された）」という記述がある点から、天智がこの姉弟を猶子《ゆうし》といったかたちで手元に引き取って養育したものかと考えられる。

なお、『懐風藻《かいふうそう》』大津皇子伝に「皇子は、浄御原帝《きよみはらのみかど》の長子なり（大津皇子は天武天皇の長子である）」という記述があることから、大津王の方を大海人王子の嫡子《ちゃくし》として扱う向きも存在したことが窺える。

天智の大王位継承構想とその破綻

壬申《じんしん》の乱が起こった直接的な原因として、天智《てんじ》の大王位継承構想を確認してみよう。詳細は倉本一宏『壬申の乱』をご覧いただきたい。

これまでは、天智が長子の大友王子《おおとものみこ》に大王位を継承させようとし、大海人王子《おおしあまのみこ》を警戒して亡き者にしようとするような「陰謀」があったと考えられてきた。

大友王子即位の可能性

しかしながら、壬申紀《じんしんき》では、死の床にあった天智が大海人王子を呼んで大王位を譲ると提案したものの、「隠《かく》せる謀《はかりごと》」の存在を警戒した大海人王子がそれを固辞して出家し、吉野《よしの》に隠棲《いんせい》したということになっている。壬申の乱の勃発や大海人王子の即位を正当化しなければならないはずの『日本書紀《にほんしょき》』にすら、天智が大海人王子を殺害しようとしていたと

図13　近江大津宮故地（比叡山から）

は書かれていない。大海人王子の方に何らかの事情があって、勝手に吉野に退去したとしか読み取れないのである。だいたい、即位を要請しておきながら、それを受諾したら謀反《むへん》の疑いで殺害するという文脈にも、無理があるように思われる。

私は、天智は本当に大海人王子に大王位を譲ろうとしていたのではないかと考えている。また、大海人王子の方も天智の築いた近江朝廷《おうみちょうてい》を簒奪《さんだつ》したという意識を持っていたわけではないはずである。

たしかに大友王子は天智の長子で、個人的な能力に優れていたとされるが（史実としては多少は割り引かないといけないのであろうが）、地方豪族の女《むすめ》である伊賀采女宅子娘《いがのうねめやかこのいらつめ》という卑母《ひぼ》を持つ大友王子に大王位に就く資格があるなどとは、たとえ中継ぎの大王《おおきみ》としてであっても、さすがの天智も考えてはいなかったはずである。

その当時までに大王位に就いた者の生母は、王族が優先され、それを除くと春日《かすが》氏や葛城《かずらき》氏・蘇我氏といった臣姓の有力中央豪族に限られていた（本人が地方出身の継体《けいたい》や、その子で即位の事実自体が怪しい安閑《あんかん》・宣化《せんか》などは例外）。奈良時代に至ってさえも、藤原《ふじわら》氏から生まれた首皇子《おびとのみこ》（後の聖武天皇《しょうむてんのう》）が即位するには、かなりの抵抗があったのである（倉本一宏『奈良朝の政変劇―皇親たちの悲劇―』）。だいたい大友王子は壬申年当時で二十五歳であり、当時の慣例として、即位するにはまだ若過ぎた。

たとえ天智が大友王子を後継者に指名したり、大友王子自身が即位を主張しようとしたとしても、当時は大王の死後に群臣会議において推戴を受けなければ即位できなかったのであるから、それも無理であろうと天智は考えていたはずである。無理矢理に大友王子の即位を強行して、支配者層を分裂に導くなどという路線を選択するほど、天智の頭脳が衰えていたとは考えられない。

大海人王子の正統性

一方の大海人王子について考えてみると、彼は天智のただ一人の同母弟であり、天智の死後は非蘇我系王統の嫡流の位置に立つべき存在であった。ヤマト政権成立以来の兄弟継承の慣習から考えると、大海人王子が即位するのが自然であった。また、天智が次々に滅ぼしたおかげで、当時はほかに有力な王族は存在しなかった。すでに四十歳を過ぎており、遅くとも天智三年（六六四）の甲子《かっし》の宣《せん》以来、天智の政治的パートナーを勤めていた大海人王子の即位は、誰しもが当然のことと認識していたものと思われる。

また、先にも述べたように、大海人王子自身、天智の王女である大田王女《おおたのひめみこ》と鸕野王女《うののひめみこ》をキサキとしており、いわば天智の婿という立場でもあった。

このように、同格の同母弟が存在する中での世代交代、しかも即位する資格に欠ける大友王子への世代交代というのは、ほとんど考えられない状況にあったと思われる。

天智の大王位継承構想

天智の大王位継承構想としては、まず大海人王子を中継ぎとして即位させ、その次に世代交代を行なう際に、たとえば大友王子と十市女王《とおちのひめおおきみ》（大海人王子と額田女王《ぬかたのひめおおきみ》との間の女）との間に生まれた葛野王《かどののおおきみ》（『懐風藻《かいふうそう》』葛野王伝には「浄御原帝《きよみはらのみかど》（天武《てんむ》天皇）の嫡孫」とある）を即位させて、それを大友王子に後見させるよう、大海人王子に要請したのではないだろうか（図14）。

また、大海人王子が自分の後継者として自己の王子を王位に就けたとしても、それはかつて大海人王子の正妃であった大田王女が残した大津《おおつのおおきみ》王になると見ていたはずである。中継ぎの大海人王子を介して、実質的な正妃であった蘇我遠智《そがのおちのいらつめ》娘の血を引き、自分の猶《ゆう》子《し》的な存在であった大津王が即位することは、天智としては、不本意な結果ではなかったはずである（図15）。

万が一、大海人王子や鸕野王女が、鸕野王女の産んだ草壁《くさかべのおおきみ》王を選択したり、もう一代中継ぎとして鸕野王女が即位したりしたとしても、これも自分の王女と孫王が続けて即位することになる（図16）。

すなわち、天智、大海人王子の次を考えると、選択肢は葛野王、あるいは大津王・草壁王、それに鸕野王女の四通りしか考えられない情勢にあった。いずれにしても天智は自己の血は受け継がれると考えていたはずであり、天智にとっても大海人王子にとっても悪い選択肢ではなかったのである。

しかも天智としては、大津王や草壁王に対して、御名部王女《みなべのひめみこ》・阿陪王女《あべのひめみこ》（後の元明《げんめい》天皇）・山辺王女《やまべのひめみこ》など、自分の王女を配して後継者を残すことができれば、自分の血と蘇我

図14　葛野王系図

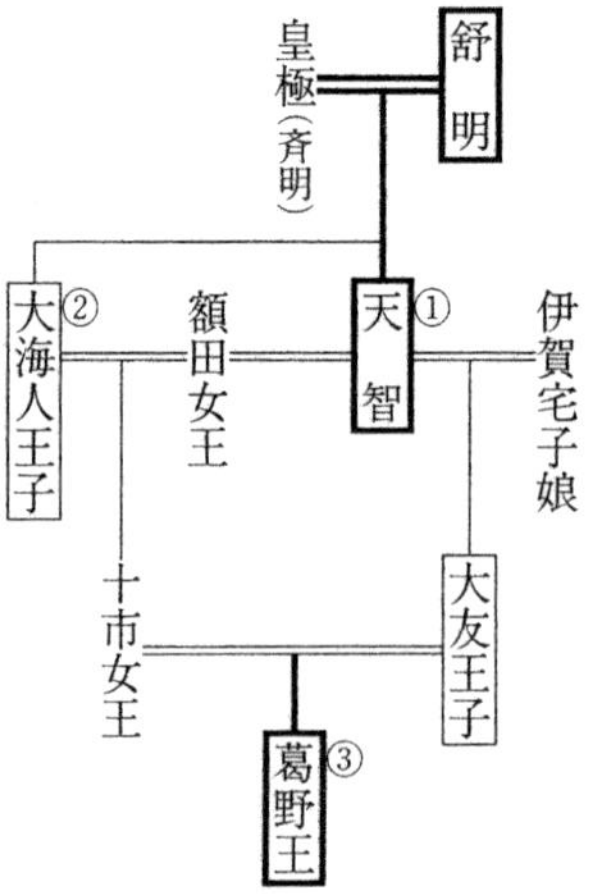

図15　大津王系図

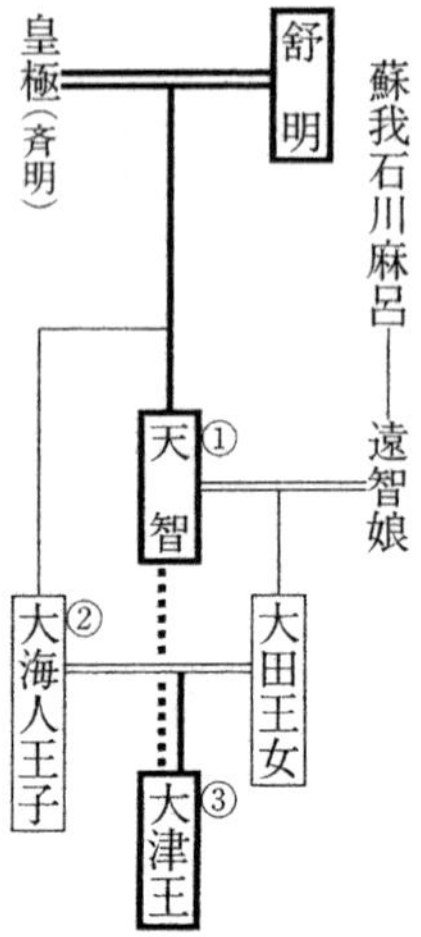

図16　草壁王系図

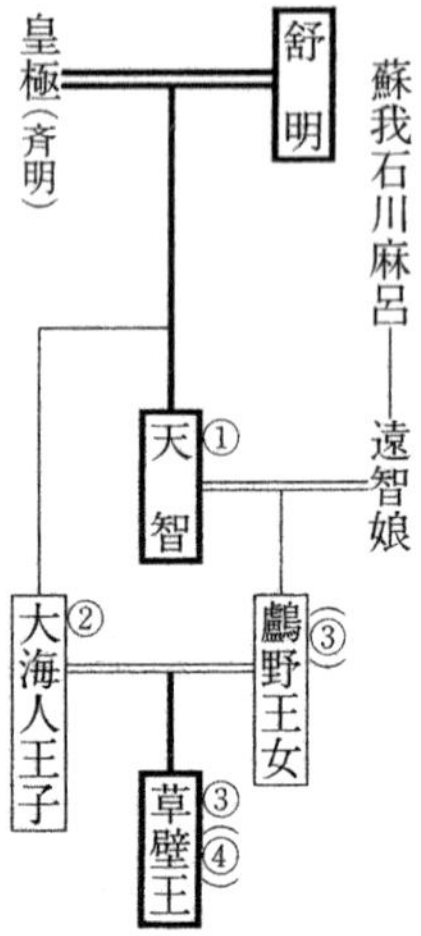

図17　天武后妃図

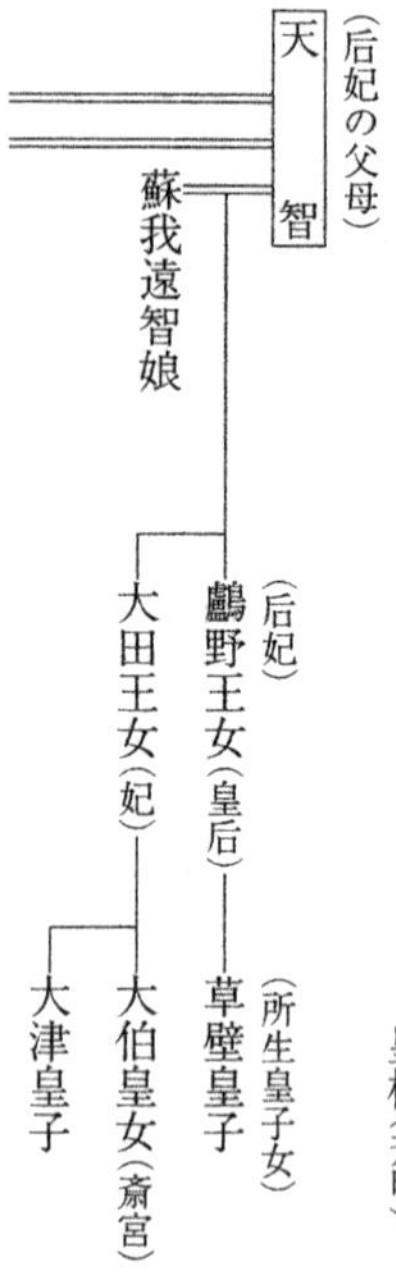

阿倍橘娘 ═ 新田部皇女（妃）─ 舎人皇子

忍海色夫古娘 ═ 大江皇女（妃）─ 長皇子、弓削皇子

藤原鎌足 ─ 氷上娘（夫人）─ 但馬皇女（高市皇子妃か）
　　　　 ─ 五百重娘（夫人）─ 新田部皇子

蘇我赤兄 ─ 太蕤娘（夫人）─ 穂積皇子、紀皇女、田形皇女（六人部王妃）

鏡　王 ─ 額田女王 ─ 十市皇女（大友王子妃）

穴人大麻呂 ─ 檝媛（宮人）─ 忍壁皇子、磯城皇子、泊瀬部皇女（川島皇子妃か）、託基皇女（施基皇子妃）

胸形徳善 ─ 尼子娘（宮人）─ 高市皇子

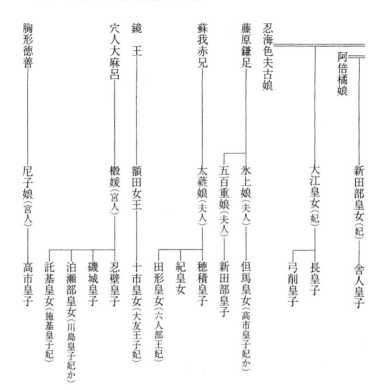

氏の血の融合した、ほぼ永久的な王統を創始することができる。大海人王子が自分の要請に応じて、すんなりと大王位を継承してくれさえすれば、天智は安心して旅立つことができたのであろう。

大海人王子の立場

大海人王子の立場としては、大田王女と鸕野王女をキサキとしたのみならず、壬申の乱の後であろうが、新田部皇女《にいたべのひめみこ》・大江皇女《おおえのひめみこ》という天智皇女もキサキとしている（図17）。

さらには、後に自分の皇子には、天智皇女の御名部皇女を高市皇子《たけちのみこ》の、阿陪皇女を草壁皇子の、山辺王女を大津皇子の、それぞれキサキとして入れている。さらに、大友王子に十市女王、川島皇子《かわしまのみこ》に泊瀬部皇女《はつせべのひめみこ》、施基皇子《しきのみこ》に託基皇女《たきのひめみこ》と、三人の天智皇子のキサキとして自分の皇女を入れているなど、天智と大海人王子の間には、きわめて濃密な姻戚関係が存在した。両者はけっして敵対関係にあるのではなく、いわば一体となった王権として認識されていたはずである。

したがって、大海人王子にとっても、大友王子という異常な朝廷代表者を倒したということは、ヤマト政権の成立以来、頻繁に見られた、単なる王族内の大王位継承争いくらいにしか思っていなかったはずであり、天智の王権を滅ぼして自分の王権を確立したという認識はなかったと思われる。もちろん鸕野王女にとっても、父の王権を夫が滅ぼしたなどという認識はなかったであろう。

いったんは事情があって吉野に退去したものの、大友という異常な王子が、天智亡き後の近江朝廷を代表して東アジア国際情勢に乗り出し、唐に協力してふたたび対新羅戦争に踏み切ろうとしているということは、正当な天智後継者であった大海人王子にとっては、看過しがたい状況だったはずである。そして大友王子に対する反感は、草壁王を擁する鸕野王女はもちろん、ほとんどの王族や豪族にとっても同様であったはずである。

「不改常典」

ここでいわゆる「不改常典《ふかいのじょうてん》」についての私見を述べておくこととしよう。周知のように、慶雲《けいうん》四年（七〇七）七月の元明天皇即位詔にはじめて見られる「関《かけま》くも威《かしこ》き近江大津宮《おうみのおおつのみや》に御宇《あめのしたしらしめ》しし大倭《おおやまと》根子《ねこ》天皇《このすめらみこと》（天智天皇）の、天地《あめつち》と共に長く日月《ひつき》と共に遠く改《かわ》るましじき常《つね》の典《のり》と立て賜ひ敷《し》き賜へる法《のり》」については、皇位継承法と見る説と、国家統治法と見る考えが存在する。

しかし、はじめて登場したこの詔に関する限り、持統《じとう》天皇が文武《もんむ》天皇に皇位を授けて、太上天皇《だじょうてんのう》として「並び坐《いま》して」天下を統治することの根拠として、この「不改常典」が語られているのであるから、やはり持統天皇主導の皇位継承を指すものと考えるべきであろう。

同様、神亀《じんき》元年（七二四）二月に元正《げんしょう》天皇から聖武に皇位が伝えられた際にも、元明《げんめい》天皇から元正に対して、「不改常典の随《まにま》に、後には元正から我が子（聖武）に皇位を伝えるよう命じた」とあるし、天平勝宝《てんぴょうしょうほう》元年（七四九）七月の聖武の譲位《じょうい》宣命にも、元正が聖武に対して、「不改常典の随に、皇位というのは、御命《おおみこと》なので、いや嗣《つぎ》にお前が伝えよと命じた」とあるから、「不改常典」とは天皇家内部の自律的な皇位継承を指すものであろう。

問題は、天皇家内部における自律的な皇位継承を指すと思われるこの「不改常典」が、何故に天智が定めたと語られているかということである。

天智から大友王子への継承を想定した場合（天智はこのようには構想していなかったが）、嫡流ではないものの、確かに直系への継承である。しかしながら、大友王子を倒して大海人王子を即位させた持統が、その大友王子への、失敗した継承、しかももともと存在しなかった継承構想を、自身から自己の孫への継承の根拠として持ち出すというのも、不自然であろう。持統が根拠とするのならば、天武が生前に草壁皇子を後継者に定めたとかいう、実際に起こった継承を語り、その草壁皇子の子である文武を即位させるというのが自然であろう。「近江大津宮の天智の不改常典」ではなく、いわば「飛鳥浄御原宮《あすかのきよみはらのみや》の天武の不改常典」である。

それにもかかわらず、ここで天智を持ち出し、これ以降の皇位継承に際しても、延々と登場するというのは、持統の側から見て、自己の子孫への皇位継承に有利となるような、天智の行動が実際に存在したと考えるべきであろう。

そうなると、天智が群臣の会議や推戴《すいたい》を経ることなく、大海人王子に即位を要請し、大海人王子がこれをいったん固辞して保留したまま、天智は死去してしまい、（吉野退去と壬申の乱という）多少の経緯はあったものの、結局は大海人王子は天智の委譲を根拠として即位したこと、この一連の経緯こそが、持統にとっての「不改常典」であったということになろう（中西康裕《なかにしやすひろ》「「不改常典の法」と奈良時代の皇位継承」）。これはヤマト政権成立以来、はじめての大王家内部による自律的な王位継承であった。

大海人王子は、群臣から推戴されることなしに天智からの要請どおりに即位し、やがて群臣会議を経ることなく草壁皇子を後継者に定めた。天武を受け継いだ鸕野皇女は、天武の死後には、群臣から推戴されることなく、みずから称制《しょうせい》し、草壁皇子の死後にも、群臣から推戴されることなく、みずから即位した。そして自分の後継者を定める会議においては、自己の意思で珂瑠《かるの》（軽）王《おおきみ》（後の文武天皇）の立太子を決定し、そして譲位を行なった。

持統にとっては、これらのすべての淵源は、天智十年（六七一）十月十七日の、近江大津宮（現滋賀県大津市錦織《にしこおり》）正殿臥内《おおとの》における父天智の言葉、「朕《われ》、疾《やまい》甚し。後事《のちのこと》を以て汝《いまし》に属《つ》く（私の病は重い。後のことはお前に任せる）」こそ、そしてその言葉どおりに卑しい女から生まれた弟を滅ぼして大海人王子を即位させたことと認識したのであろう。

吉野退去の事情

さて、大王位の禅譲《ぜんじょう》を要請された大海人王子であったが、当然のことながらこれを辞退した。即位を要請されてもいったん辞譲するのは、日本古代の儀礼的な慣習であった。大海人王子としてみれば、放っておいてもいずれ自分に大王位がまわってくると確信していたであろうから、ここで辞退しておいて、天智からの次の即位要請を待っていればよかったのであるし、天智が死去してしまった場合でも、その後の群臣による推戴を待っていればよいと考えていたはずである。

しかしそれにしても、自分の宮で天智からの次の即位要請や、天智の死を待っていればよかったはずなのに、どうして大海人王子は吉野にまで退去してしまったのであろうか。大海人王子の出家に関しては、『日本書紀』編者の造文という説（朝枝善照《あさえだぜんしょう》「日本古代出家考」）に従いたいが、自己の領有する島宮《しまのみや》（現奈良県高市郡明日香村大字島庄《しましょう》）のあった飛鳥《あすか》ではなく、吉野にまで入ったのは史実であるから、その理由を明らかにしなければならない。

『日本書紀』持統天皇即位前紀《そくいぜんき》の、

沙門天渟中原瀛真人天皇《しゃもんあまのぬなはらおきのまひとのすめらみこと》に従ひて、吉野に入りて、朝《みかど》の猜忌《うたがい》を避《さ》りたまふ。語《こと》は天命開別天皇《あめみことひらかすわけのすめらみこと》の紀《みまき》に在り。

（天武天皇に従って吉野に入り、朝廷の嫌疑をお避けになった。そのことは天智天皇の紀に見える）

という記述は、あくまで大友王子の挑発によって壬申の乱を起こさざるを得なかったという、『日本書紀』編者の「主張」なのであって、そのまま信じるわけにはいかない。

吉野宮（現奈良県吉野郡吉野町大字宮滝《みやたき》）は大津宮からは一〇〇キロ近い距離を隔て、どのルートから入るにしても峠を越えなければならないという要害《ようがい》の地であり、たとえ誰かから出兵を受けたとしても、すぐに脱出することが可能であった。それに飛鳥とは違って、戦争準備を行なっていても、たやすくは気付かれないという利点もあった。とすれば、吉野に入ったのは、あくまでも戦争準備のためと考えるしかないのである。

ところが、大海人王子にとってみれば、もともと大王位継承の資格がない大友王子を、わざわざ武力で討伐しなければならない必然性は、希薄だったはずである。

そうすると、大海人王子と鸕野王女の吉野退去は、天智の大王位継承構想から考えるしかなくなる。先にも述べたように、天智十年時点における常識的な大王位継承構想は、大海人王子を中継ぎとして、葛野王、あるいは大津王もしくは草壁王といった大海人王子の子、鸕野王女をもう一代中継ぎとして草壁王、という四通りしかあり得なかった。天智としてはどう転んでも望ましいものであったはずであるし、それは大海人王子にとっても望ましい選択肢であったはずである。

首謀者としての鸕野王女

となると、葛野王や大津王であっては困るのは、鸕野王女ただ一人であったということになる。大海人王子を中継ぎとして、確実に草壁王へと継承させたいという鸕野王女の思惑を推察すると、まず何としても大友王子を倒して葛野王を排除する必要性を感じていたであろう。そしてその次に、大海人王子の子の中での草壁王の優位性を確立する必要があった。地方豪族から生まれた長子の高市王《たけちのおおきみ》は、大王位継承に関してはまず問題ないとして、草壁王即位の障碍となるのは、かつて正妃的存在であった大田王女が産んだ大津王であったはずである。

鸕野王女にとって、大友王子を倒し、同時に草壁王の優位性を確立し、さらには大津王を危険にさらすための手段として選ばれたのが、武力によって大友王子の政権を壊滅させること、そしてその戦乱に自身と草壁王をできるだけ安全に参加させるということであった。

『日本書紀』持統天皇即位前紀に見える、

旅《いくさ》に鞠《つ》げ衆《もろひと》を会《つど》へて、遂に与《とも》に謀《はかりこと》を定む。廼《すなわ》ち分ちて敢死者《たけきひと》数《よろず》万《あまり》に命《ことおお》せて、諸《もろもろ》の要害《ぬみ》の地《ところ》に置く。

(軍師に告げ、人々を集めて共に計略を定め、死を恐れぬ人々数万を分かって要害の地に配置した)

という記述は吉野脱出以後の壬申の乱における作戦に関して、同じく、

皇后、始《はじめ》より今に迄《いた》るまでに、天皇《すめらみこと》を佐《たす》けまつりて天下《あめのした》を定めたまふ。毎《つね》に侍執《つかえまつ》る際《あいだ》に、輙《すなわ》ち言《こと》、政事《まつりごと》に及びて、毗《たす》け補《おきぬ》ふ所多し。

(皇后は、終始天武天皇を補佐して天下をお保ちになった。天皇のお側にあって政務に話が及ぶごとに、助け補われることが多かった)

という記述は壬申の乱終結後の天武朝の政務に関してのものであるが、この鸕野王女と大

海人王子との共治態勢は、彼らの吉野退去にも及ぶものだったのであろう。つまり、「始より」という起点の設定は、吉野退去ということになる。

大海人王子としても、自分の後に、大友王子に後見された葛野王が即位するよりも、大津王や草壁王に継承させた方が望ましいわけであり、この戦争計画に一も二もなく荷担したのであろう。

ここに至って、天智の大王位継承構想は、完全に破綻してしまったことになる。

大津宮退去　十月十九日、大海人王子と鸕野王女は、舎人《とねり》や女孺《めのわらわ》も含め、総勢七十人前後で大津宮を退去した。草壁王と忍壁王《おさかべのおおきみ》をともない、高市王と大津王を大津宮に残してである。キサキとしては、もちろん、鸕野王女がただ一人、大海人王子と行動をともにしていた。

当時、大海人王子の男子は、すでに成人していたのが高市王一人、少年が草壁王・大津王・忍壁王の三人、すでに生まれていたとしても乳児であったと思われるのが磯城王《しきのおおきみ》・穂積王《ほづみのおおきみ》の二人である。

近江朝廷で一定の立場を有していた高市王や、一人では歩けない磯城王・穂積王を大津宮に残していったのは当然として、大津王よりも年少であった可能性が高い忍壁王をともなったということは、大津王が大津宮に残されたという事実を浮かび上がらせる。大津王が天智の猶子的な存在であったことにもよるのであろうが、いずれにせよ、来たるべき戦乱に際して大津王の身を危険にさらすことは、鸕野王女にとっては織り込み済みであったことになる（むしろ、それが目的ですらあった）。

草壁王をこの戦乱に参加させ、大津王の身を危険にさらすことは、鸕野王女の思惑どおりだったのであるが、誤算だったのが忍壁王である。草壁王が壬申の乱に最初から参加した唯一の王ではなくなることとなり、鸕野王女が死を迎えるときまで、忍壁王の忍従が続くこととなる。

高市王の立場

ここで高市王の立場についてふれておこう。筑紫《つくし》の豪族である胸形徳《むなかたのとく》善《ぜん》の女の尼子娘《あまこのいらつめ》から生まれた高市王は、いくら長子とはいえ、大海人王子の後継者になることは無理であった。それは高市王自身も、その周囲も、当然のこととして認識していたはずである。

そうすると、高市王の目指していたのは、王族内の重鎮という地位であったと考えられよう。そのためには、まずは父である大海人王子が即位することが不可欠であったはずであるし、同じく王族内の重鎮を目指していたであろう大友王子がいない方が好都合だったであろう。

いずれ天智王女の誰かと結婚することができれば、その王女の産んだ子は即位の可能性が生じることもある。高市王にとっての人生最初の目標は、大友王子を倒して大海人王子を即位させることと定められたのであろう。その際、大友王子のキサキとなっていた十市女王との関係は、詳《つまび》らかではないが……。

鸕野王女にしてみても、大海人王子を戦闘の最前線に立てて、万一戦死でもされてしまったら、すべての計画が水の泡になってしまう。彼女の計画は、大海人王子の即位が大前提として構想されていたのであり、それがなければ、草壁王は、ただの天智の弟の子に過ぎないということになってしまうのである。最前線に立って全軍を指揮してくれ、なおかつその功績によっても、自身の即位を主張してこない王族として、高市王の存在は重要だったものと思われる。

というわけで、どの時点で、どちらから働きかけがあったのかは明らかではないが、鸕野王女と高市王は、共同して草壁王を擁護することになった。これ以降、高市王は、その死のときまで、鸕野王女（および持統）との連繫を維持し、草壁王と珂瑠王《かるのおおきみ》の皇統を護持することになるのである。

壬申の乱と鸕野王女

壬申《じんしん》の乱の経緯についての詳細は、倉本一宏『壬申の乱』に譲るとして、ここでは、主に鸕野王女《うののひめみこ》の動きに焦点を当てて、この戦乱を語ることとしよう。

壬申の乱の勃発

天智《てんじ》十年（六七二）十二月三日、天智は死去した。その死後には殯《もがり》が行なわれ、ヤマト政権以来の慣例として空位期間が続いた。この事実を等閑視して、大友王子《おおとものみこ》の即位の有無を云々《うんぬん》する議論は、日本古代の常識を無視した、何か別の理由が存在するものとしか考えられない。

卑母《ひぼ》から生まれ、まして後ろ盾の天智を喪った大友王子が即位するわけにもいかず、殯が終わった後、もしかすると癸酉《きゆう》年（六七三）早々にでも、中継ぎの女帝として倭女王《やまとのひめおおきみ》が即位、あるいは称制《しょうせい》するのを待っている間に、壬申の乱が起こったことになる。

ただし、当時九歳の大津王《おおつのおおきみ》や三歳の葛野王《かどののおおきみ》が成人するまでの中継ぎとなると、とても倭女王一人で持ちこたえられるものではない。近江朝廷《おうみちょうてい》の官人たちや大友王子にとっても、吉野に退去したままの四十一歳の大海人王子《おおしあまのみこ》や二十七歳の鸕野王女の存在が、当然ながら大王位継承者として期待されていたに違いない。

逆に壬申の乱を起こした大海人王子と鸕野王女の立場に立てば、倭女王が女帝として即位した後の近江朝廷を倒すというのは、まったく大義名分に欠ける。大友王子が朝廷を主宰して天智の殯が行なわれている空位期間こそ、絶好のタイミングだったことになる。吉野にあった大海人王子と鸕野王女にとっては、その間に戦争準備を整え、大友王子による対新羅《しんら》戦争用の徴兵が東国で完了する時期を覗《うかが》っていたことであろう。

壬申年（六七二）六月二十四日の午前中、大海人王子と鸕野王女は吉野を脱出した。鸕野王女は輿《こし》に載《の》せられていたと記されている。壬申紀は、その記事以降、鸕野王女を「皇后」と記している。

このときに大海人王子と鸕野王女に従っていた者の名が壬申紀に列挙されているが、このときの「元《はじめ》より従《したが》へる者《ひと》」が、後に高い褒賞《ほうしょう》を受けることになるのである。幼少の草《くさ》壁王《かべのおおきみ》や忍壁王《おさかべのおおきみ》まで、その中に含ませているのに対し、鸕野王女の名が記されていないのは、鸕野王女はこの戦乱の主体者として、彼ら「元より従へる者」を率いていたということなのであろう。

ここで行軍や戦闘には足手まといになるに違いない「女嬬《めのわらわ》十有余人」を同行させたというのは、自分や草壁王の世話係として連れて行きたいという鸕野王女の意向を反映したものだったのであろう。

「東国虎歩」の行程

大海人王子と鸕野王女たち一行は、矢治峠《やじとうげ》（現奈良県吉野郡吉野町大字矢治）・関戸峠《せきどとうげ》（現奈良県宇陀《うだ》市大宇陀《おおうだ》区関戸）を越え、「菟田《うだ》の吾城《あき》」（現宇陀市大宇陀区中庄《なかのしょう》）に入った。この菟田の吾城が、後年、草壁王と珂瑠《かるの》（軽）王《おおきみ》（後の文武天皇《もんむてんのう》）、それに鸕野王女にとって重要な地となることになる。

この二十四日は、「大野《おおの》」（現宇陀市室生《むろう》区大野）に到ったときに暮れていったが、一行は夜を日に継いで進み、夜半、ついに伊賀《いが》に到達した。追撃の可能性はほとんどないとはいえ、高市王《たけちのおおきみ》や大津王《おおつのおおきみ》、それに各地に集結している兵との合流時間に遅れるわけにはいかなかったのである。

「隠《なばり》の横河《よこかわ》」（現三重県名張《なばり》市箕曲中村《みのわなかむら》）において、大海人王子は最初のパフォーマンスを行ない、「天下両分」を謳《うた》って、「自分が最後には天下を得るであろう」と宣言した。

その後、一行は「伊賀の中山《なかやま》」（現三重県伊賀市依那具《いなぐ》）と呼ばれる地において、「数百《あまた》の衆《いくさ》」を自己の傘下に組み入れた。そして軍勢を引き連れて北上し、莿萩野《たらの》（現伊賀市佐《さ》那具《なぐ》町）で二十五日の夜明けを迎えた。

一行が「積殖《つむえ》の山口《やまぐち》」（現伊賀市柘植《つげ》町）に到ると、「鹿深《かふか》」（現滋賀県甲賀《こうか》市）を越えてきた高市王が合流した。そして一行は、いよいよこの行程最大の難所である「大山《おおやま》」（加《か》太《ぶと》越。現三重県亀山《かめやま》市関《せき》町加太北在家《かぶときたざいけ》）を越え、伊勢《いせ》の「鈴鹿《すずか》郡」（現亀山《かめやま》市関《せき》町）に入った。ここからが東国ということになる。

伊勢に入ると、国宰《くにのみこともち》と湯沐令《ゆのうながし》が兵を率いて一行を出迎えた。大海人王子は、その兵の一部で「鈴鹿山道《すずかのやまみち》」（現亀山市金場《かねば》）を閉塞させた。これで近江朝廷が伊勢経由で一行を追撃してきたとしても、とりあえずは「鈴鹿山道」で食い止めることができることになったのである。

一行はさらに進み、「川曲《かわわ》の坂下《さかもと》」（現三重県鈴鹿市木田《きだ》町）に到ると、日が暮れた。ここで一行、特に鸕野王女の疲労は極限に達したようである。壬申紀は、

図18　迹太川故地（海蔵川）

皇后《きさき》の疲れたまふを以て、暫く輿《みこし》を留めて息《やす》む。

と記す。この川曲の地は、天智や大海人王子の祖母にあたる糠手《あらて》姫《ひめの》王女《ひめみこ》（「島皇祖母《しまのすめみおや》命」）の母にあたる敏達《びたつ》夫人の伊勢大鹿《おおかの》小熊《おぐまの》女《むすめ》菟名子《うなこ》の出身地であった。

一行はゆっくりと休憩する余裕もなく、先を急いだが、突然の豪雨に見舞われた。そこで「三重《みえ》郡家」（現三重県四日市《よっかいち》市采女《うねめ》町）までしか進むことができず、そこで二十五日の行程を終えた。

天照太神を望拝

翌六月二十六日の朝、一行は「朝明《あさけの》郡《こおり》の迹太《とお》川《かわ》の辺《へ》」（現在の海蔵《かいぞう》川。もともとの訓《よ》みは「アクラ川」。現四日市市三ツ矢《みつや》町）に到達し、「天《あま》照太神《てらすおおみかみ》を望拝」した。鸕野王女と草壁王、それに高市王も同様に望拝したのであろう。「望拝」とは、後世の遥拝《ようはい》のことである。

ここでは「天照太神」と記されている。いまだ皇祖神としての伊勢神宮は確立していなかったと思われるし、この場所からは伊勢神宮の地（現三重県伊勢《いせ》市）は望めないので、ここで彼らが拝んだのは、太陽であったと思われる。

後に近江路における戦闘の中で、「渡会《わたらい》の　斎宮《いつきのみや》ゆ　神風《かむかぜ》に　い吹き惑はし　天雲《あまくも》を　日の目も見せず　常闇《とこやみ》に　覆《おお》ひたまひて　定めてし　瑞穂《みずほ》の国を……（度会の伊勢の神宮から、神風の力で敵を混乱させ、天雲をもって日の目も見せず真っ暗に蔽い隠して、鎮定なさった瑞穂の国を……）」と詠《うた》われたように（『万葉集《まんようしゅう》』巻第二―一九九〈高市皇子挽歌《ばんか》〉）、これ以降、壬申の乱と伊勢の神は深いつながりを持ち、やがて鸕野王女（持統《じとう》天皇）によって伊勢神宮の確立につながっていくことになる。

このとき、大津宮を脱出してきた大津王がやって来ていた。草壁王の天照太神望拝の直後に大津王が合流したと記されているのは、単なる偶然とは思えない。大津王の即位の正統性を否定するための、『日本書紀』編者の作為の可能性も考えられよう（『日本書紀』編纂と草壁王周辺との関わりについては、後に述べる）。

大津王の到着を知って、大海人王子は大いに喜んだとあるが、鸕野王女の心中は複雑だったであろう。これから乱が決着して大倭《やまと》に凱旋《がいせん》する九月まで、鸕野王女は草壁王のみならず大津王とも過ごすことになる。

大海人王子の不破進出

この日、美濃《みの》から「不破道《ふわのみち》」（現岐阜県不破郡関ヶ原《せきがはら》町松尾《まつお》）を閉塞することに成功したという知らせが届いた。すでに制圧している「鈴鹿山道」と併せ、これで近江朝廷の使者や軍は、東国に出ることができなくなった。ほとんど無傷の兵が集結している東国が大海人王子の掌中のものとなったことによって、実際の戦闘が始まる前に、「壬申の乱」の大勢は決したのである。

大海人王子は、「朝明《あさけ》郡家」（現四日市市大矢知《おおやち》町の久留倍《くるべ》遺跡の近辺）に着くと、高市王を不破に遣して軍事を監督させ、この日は鸕野王女たちとともに「桑名《くわな》郡家」（現三重県桑名市蚊塚《かきづか》新田か）に留まった。本来ならば、兵站《へいたん》基地とするにも、万一の際に伊勢湾を使って逃亡するにも、きわめて便利なこの桑名の地において、近江路方面と大倭方面の両方をにらんだ作戦指導を行なおうとしていたのであろう。

ところが、六月二十七日になると、和蹔《わざみ》（現関ヶ原町関ヶ原）の高市王の許から、「桑名郡家」にいた大海人王子に使者が遣された。遠くにいると指示を受けるのに不便であるか

ら、近くに来てほしいというものである。これを承けた大海人王子は、

即日《そのひ》に、天皇《すめらみこと》、皇后《きさき》を留《とど》めたまひて、不破に入りたまふ。

（その日のうちに、天皇は皇后をお留めになったまま、不破にお入りになった）

と壬申紀にあるように、鸕野王女や草壁王・大津王たちを安全な桑名に残し、最前線に近い野上《のがみ》（現関ヶ原町野上）に入った。従っていた兵のほとんども、大海人王子に従ったはずである。

伊勢の鸕野王女

桑名に留められた鸕野王女は、草壁王・大津王・忍壁王という三人の小児を眺めながら、九月までのときをともに過ごした。大津王と身近に暮らしたのは、これがはじめてではないかと思われるが、いったい鸕野王女は、姉の残したこの遺児と草壁王を並べて見て、どのような思いを抱いていたのであろうか。

鸕野王女にとって、この伊勢における日々は強く脳裡《のうり》に刻まれたようである。天武《てんむ》天皇が死去して八年後の周忌《しゅうき》法会の夜、夢に大海人王子の姿が現われたらしく、『万葉集』の次の歌（巻第二―一六二）は、そのときに夢の中で繰り返し唱えたものとされる。

明日香《あすか》の　清御《きよみ》原の宮に　天《あめ》の下　知らしめしし　やすみしし　我が大君　高照らす　日の皇子《みこ》　いかさまに　思ほしめせか　神風《かむかぜ》の　伊勢の国は　沖つ藻も　なみたる波に　塩気の

図19　伊　勢　の　海

みかをれる国に　うまこり　あやにともしき　高照らす　日の皇子

（明日香の清御原の宮に、天下をお治めになった、我が大君、日の皇子様は、どのようにお思いになってか、伊勢の国は、沖の藻も靡いている波に、潮の香ばかり立ちこめている国に、まことにお慕わしい、日の皇子様）

キサキとなって以来、壬申年ですでに十五年、乱の後にも十五年を大海人王子とともに過ごした鸕野王女であったが、その死後に夢に出てきた大海人王子の姿は、このときの伊勢の海を背景としたものだったのである。大海人王子が鸕野王女と一緒に伊勢にいたのは二日あまり、桑名にいたのは、わずか一日足らずであったが……。

飛鳥への凱旋

壬申の乱は、七月二十二日の瀬田川《せた》(現大津市瀬田)の最終戦、二十三日の「山前《やまさき》」(現京都府乙訓郡大山崎町大山崎)における大友王子の「自経」によって終結し、後は近江朝廷遺臣の捜索と処断、功臣《こうしん》への褒賞など、延々と戦後処理が続いた。

九月に入って、ようやく大海人王子は不破の地を離れ、飛鳥に凱旋した。八日に野上を出発した大海人王子は、その日のうちに桑名に着いて一泊している。大海人王子と鸕野王女は、六十九日ぶりに再会したことになる。

いまだに解決できないのであるが、どうして大海人王子は戦闘が終結してから四十四日もの間、鸕野王女や草壁王・大津王たちと会おうとしなかったのであろうか。そもそも、壬申の乱の期間中、鸕野王女は大人しく桑名に留まっていたのであろうか。

かつて大海人王子の大津宮退去や吉野入り、そして挙兵、さらには兵の配置や作戦の決定にさえも、主体的な役割を果たした鸕野王女であってみれば、しばしば野上や和蹔を訪れて、大海人王子の構築した臨時政府に参加していた可能性も、まったく考えられないことではない。

しかし大海人王子の方は、九月になるまで正妃である鸕野王女の許を訪ねようとはしていないのである。野上と桑名とは、たった一日で到達できる距離であったにもかかわらず、である。これは二人の関係について、さまざまなことを考えさせられる事実であろう。

一行は、六月の吉野脱出の行程を逆行し、十二日には早くも島宮《しまのみや》に入った。かつて一年近く前、大津宮《おおつのみや》を出て吉野に入る前に宿った宮である。大海人王子や鸕野王女の感慨は、ひとしおだったことであろう。ここで三日間を過ごした後、十五日になって「岡本宮《おかもとのみや》」（後岡本宮《のちのおかもとのみや》。現奈良県高市郡明日香村大字岡の飛鳥宮跡内郭《ないかく》〈Ⅲ－A期遺構〉）に入っている。

こうして古代最大の戦乱とも称される壬申の乱は、あっけなく終わった。大海人王子としては、自分の思い描いていた戦略のうち、限りなく理想に近いかたちで決着したことになる。

しかしながら、鸕野王女の立場に立てば、自分の思い描いていた大王位継承構想の中で、大友王子を葬ったまではよかったものの、大津王を無傷で自分たちに合流させてしまったのは、大きな誤算であったに違いない。草壁王と大津王をともに世話している過程で、二人の資質の差異も、当然ながら認識せざるを得なかったであろう。こうして、大海人王子が君臨することになる次の朝廷においては、鸕野「皇后《こうごう》」の思惑が、微妙に天武「天皇」

と交錯することになるのである。

天武・持統天皇の皇位継承構想

天武天皇の皇位継承構想と天皇制の成立

天武天皇の後継者問題

壬申《じんしん》の乱の勝利によって即位した大海人王子《おおしあまのみこ》（天武《てんむ》）は、はじめて「天皇《てんのう》」号を称した。天武は、本来は次の世代への中継ぎのはずであったが、有力王族が底を突いてしまった結果、非蘇我《そが》系の新嫡流という立場となった。それどころか、ただ一人の男性有力王族という存在になったのである。

これまで、天武の強大な専制権力という概念が、無批判のうちに語られてきた。私は、天武は専制的ではあっても、必ずしも独裁的であったとは考えていないが、もしも天武の専制権力という言い方をするならば、それは大豪族が没落したからではなく、有力王族が一人もいないという、六世紀以来はじめての、王族内部の状況によるものであろうと思わ

図20　飛鳥京故地

れる。

しかし、天武と鸕野皇后《うのこうごう》は、深刻な後継者問題に直面せざるを得なかった。まず、壬申の乱の結果、大友王子《おおとものみこ》と十市女《とおちのひめ》王《おおきみ》との間に生まれた葛野《かどのの》王《おおきみ》への継承の可能性が消えた。七世紀後半には、すでに大王位に就き得る王族は、父方から見ても母方から見ても舒明《じょめい》の子の天智《てんじ》・天武の流れを汲む一世王に限定されていた。天武には弟はおらず、天武の次には世代交代を余儀なくされたのであるが、世代交代に際して後継者争いが起こるのは、ヤマト政権成立以来の恒例行事だったのである。

第二代天皇の可能性

しかも、天皇制、および律令《りつりょう》制の成立時期であったこの時期には、天武後継者としての第二代天皇は、律令法に囲繞《いにょう》された最初の天皇にならなければならなかった。天武は、自己の後継者を選定する過程において、律令天皇制のあるべき姿を模索し、それを支配者層に提示しなければならず、問題をより複雑にしていたのである。

そして、天武朝が卑母《ひぼ》を持つ大友王子の正統性を否定することによって成立した以上、筑紫《つくし》の豪族である胸形《むなかた》氏を母に持つ高市皇子《たけちのみこ》が、いかに第一皇子で壬申の乱を指揮するという功績を持つとはいえ、皇位継承権を有していなかったことは、明らかであった。もちろん、川島皇子《かわしまのみこ》や施基皇子《しきのみこ》など、大友王子の弟である天智皇子も同様である。

天武は、天武八年（六七九）正月に、

凡《おおよ》そ正月の節《とき》に当りて、……其の諸王は、母と雖も、王の姓に非ずは拜《おが》むこと莫《まな》。凡そ諸臣は、亦《また》卑母を拜むこと莫。正月の節に非ずと雖も、復《また》此に准《なぞら》へ。若し犯す者有らば、事に随ひて罪せむ。

（およそ、正月の節会にあたっては、……諸王は、自分の母であっても、王の姓の者でなければ、それを拝してはならない。諸臣もまた、自分よりも氏族としての家柄の低い母を拝してはならない。正月の節会以外の時も、これにならう。違反する者があれば、その状況に応じて罪に処することとする）

という詔を出し（『日本書紀』天武八年正月戊子条（七日））、卑母の否定を命じている。ここにおいて、天武後継者の選択肢は、草壁皇子《くさかべのみこ》か大津皇子《おおつのみこ》しか残されなくなったのである。

しかしながら、この二人の皇子のうちのどちらを次期天皇に選ぶかについては、複雑な問題が存在した（図21）。

先にも述べたように、本来、大海人王子の正妃は大田王女《おおたのひめみこ》であった。もし大田王女が天武即位の時点で存命していたならば、たとえ草壁皇子の方が年長でも、大津皇子が天武の嫡子と認識されたであろう可能性が強い。

しかし、大田王女の早世によって、鸕野王女が大海人王子の正妃（後に皇后）の地位に立った。その結果、鸕野王女所生で大津皇子より年長の草壁皇子が、天武の嫡子と認定されたのである。

また、大田王女の産んだ第一子は、大伯皇女《おおくのひめみこ》であった。これがもしも皇子であったならば、たとえ大田王女が早世したとしても、その第一皇子が天武の嫡子と認定された可能性もある。ちなみに大伯皇女は、天武即位直後の天武二年（六七三）四月に斎宮《いつきのみや》に定められて泊瀬《はつせ》斎宮（現奈良県桜井市脇本《わきもと》の脇本遺跡）に入り、翌年十月に伊勢《いせ》に下っている。大伯皇女が何故に斎宮に選ばれたのかに関して、想像をたくましくすれば、天武の第一皇女

図21　天智・天武関係系図

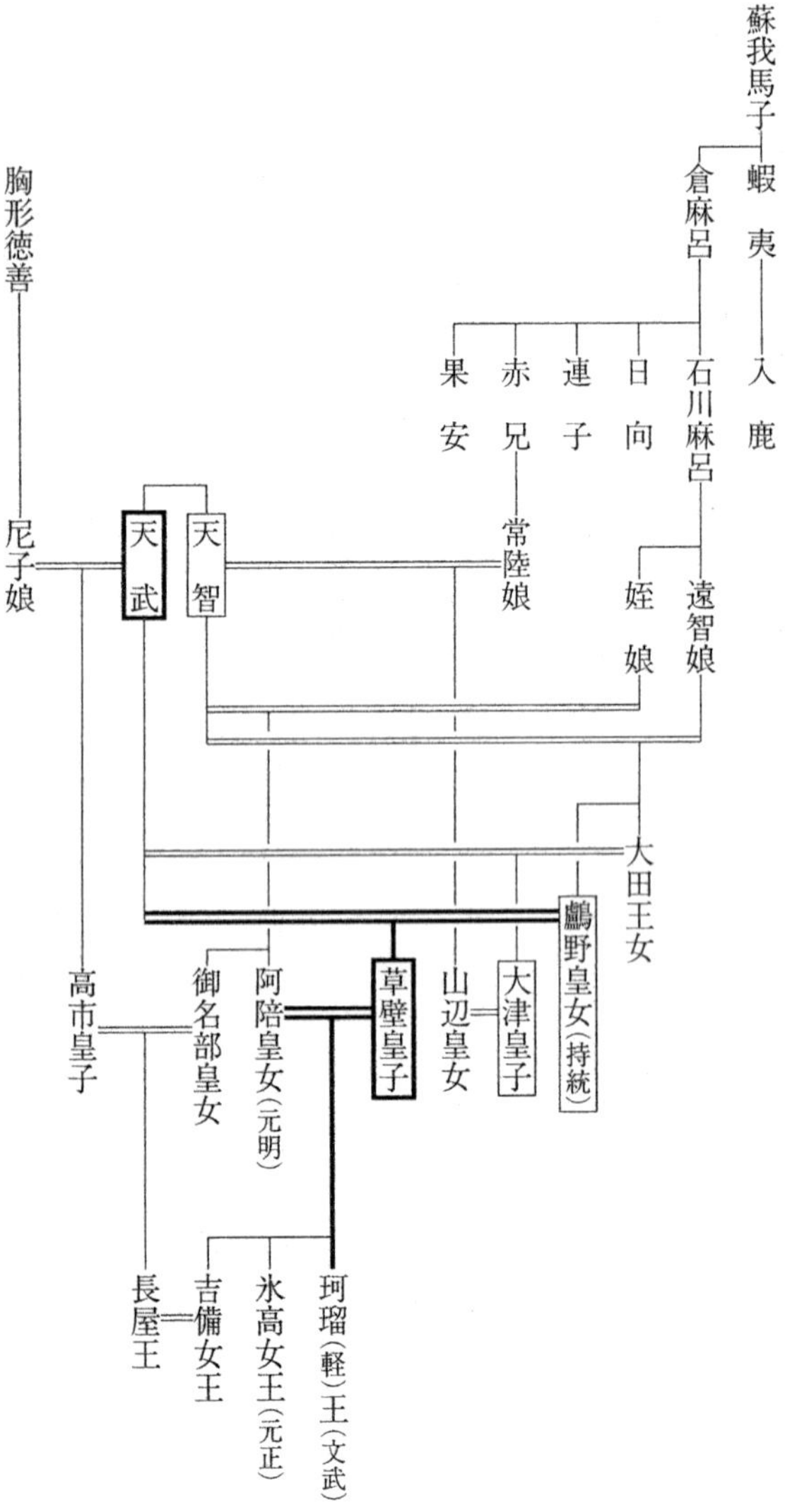

（注）嫡流は太線で示した

図22　泊瀬斎宮故地（脇本遺跡）

であるという尊貴性ばかりではなく、大伯皇女自身の即位の芽を摘むため、あるいは高市皇子あたりとの結婚によって所生の王に即位の可能性を生じさせることを避けたためでもあろうか。

なお、鸕野皇后は天武九年（六八〇）十一月に病悩しているが、このときに鸕野皇后が快復しなかったならば、事態はどのように変わっていたであろうか。草壁皇子と大津皇子の二人が、ともに生母のいないまま残されたならば、天武や支配者層、あるいは次の皇后に立った可能性の高い新《にい》田《た》部皇女《べのひめみこ》は、いずれを天武の後継者に選んだであろうか。

天武天皇のキサキと皇子

ここで天武のキサキについて、もう一度整理しておこう。天武のキサキとしては、蘇我系が三人、そのうち、蘇我系王族が大田王女・鸕野皇后の二人、蘇我氏が蘇我太蕤娘《おおぬのいらつめ》一人である。これらから、王子三人（草壁皇子・大津皇子・穂積皇子《ほづみのみこ》）、王女三人（大伯皇女・紀皇女《きのひめみこ》・田形皇女《たかたのひめみこ》）が生まれている。

非蘇我系のキサキは、天智の皇女が新田部皇女（母は阿倍橘娘《あべのたちばなのいらつめ》）と大江皇女《おおえのひめみこ》（母は忍海色夫古娘《おしぬみのしこぶこのいらつめ》）の二人、王族が額田女王《ぬかたのひめおおきみ》（父は鏡王《かがみのおおきみ》）である。新田部皇女が舎人皇子《とねりのみこ》、大江皇女が長皇子《ながのみこ》・弓削皇子《ゆげのみこ》、そして額田女王が十市皇女《とおちのひめみこ》を産んでいる。

そのほか、藤原鎌足《ふじわらのかまたり》の女《むすめ》二人、氷上娘《ひかみのいらつめ》と五百重娘《いおえのいらつめ》をキサキとしている。鎌足の要請によるものであろう。氷上娘が但馬皇女《たじまのひめみこ》、五百重娘が新田部皇子《にいたべのみこ》を、それぞれ産んでいる。また、地方豪族や伴造《とものみやつこ》氏族の女として、胸形徳善《むねかたのとくぜん》の女の尼子娘《あまこのいらつめ》と宍人大麻呂《ししひとのおおまろ》の女の榖媛娘《かじひめのいらつめ》が記録されている。尼子娘が高市皇子、榖媛娘が忍壁皇子《おさかべのみこ》・磯城皇子《しきのみこ》・泊瀬部皇女《はつせべのひめみこ》・託基皇女《たきのひめみこ》を、それぞれ産んでいる。

これらのうち、皇子の出生順は、1高市皇子・2草壁皇子・3大津皇子・4忍壁皇子・5磯城皇子・6穂積皇子・7舎人皇子・8長皇子・9弓削皇子・10新田部皇子というものであったと思われるが、生母の地位を勘案した序列は、また別個のものであり、これが天武後継者になる可能性の順位であった。

『続日本紀《しょくにほんぎ》』に見える順位を考慮したうえで、生母の序列を勘案した皇子の序列は、1草壁皇子・2大津皇子・3舎人皇子・4長皇子・5弓削皇子・6穂積皇子・7新田部皇子・8高市皇子・9忍壁皇子・10磯城皇子というものであったと推測される（表1）。

これらのうちで、天武朝末年の段階ですでに成人していたのは、高市皇子・草壁皇子・大津皇子・忍壁皇子・磯城皇子の五人、生母の地位から即位する可能性のあったのは、草壁皇子・大津皇子・舎人皇子・長皇子・弓削皇子・穂積皇子・新田部皇子の七人であった（藤原氏が生んだ新田部皇子は微妙であるが）。

この二つの条件をともに満たす皇子となると、やはり天武の後継者たり得るのは、蘇我系王女所生で、すでに成人していた草壁皇子と大津皇子の二人に限られるのである。非蘇我系の新嫡流という立場となった天武は、蘇我系王女との婚姻による新王統を創出したことになる。

ちなみに、『日本書紀《にほんしょき》』天武紀に見える皇子の記載順を表示すると、表2のようになる。やはり、草壁皇子と大津皇子の二人が傑出した存在と認識されていたことが窺える。

表1　天武皇子表

	出生順	序列
1	高市	草壁
2	草壁	大津
3	大津	舎人
4	忍壁	長
5	磯城	弓削
6	穂積	穂積
7	舎人	新田部
8	長	高市
9	弓削	忍壁
10	新田部	磯城

表2　天武・天智皇子序列表

天武　八年　五月　六日	草壁　大津　高市　川島　忍壁　施基
九年　七月　二十日	大津　高市
二十六日	高市　川島
十一月　十七日	（「三の皇子」）
十年　三月　十七日	川島　忍壁
十一年　七月　九日	草壁　高市
十四年　正月　二十日	草壁　大津　高市　川島　忍壁
朱鳥　元年　八月　十三日	草壁　大津　高市　川島　忍壁
十五日	施基　磯城

このようにして、天武の後継者として第二代天皇の候補となった草壁皇子と大津皇子であったが、先にも述べたように、やはり生母の鸕野皇女が皇后として存命している草壁皇子の方が優位であったことは、言うまでもない。

草壁皇子と大津皇子

一方、『日本書紀』『懐風藻《かいふうそう》』『万葉集《まんようしゅう》』などによって二人の皇子の能力や人望を考えると、大津皇子の方も、天武の後継者にふさわしい個性である、と支配者層の一定の支持を集めていたようである。『日本書紀』持統《じとう》天皇即位前紀《そくいぜんき》には、

容止《みかお》墻《たか》く岸《さが》しくして、音辞《みことば》俊《すぐ》れ朗《あきらか》なり。天命開別天皇《あめみことひらかすわけのすめらみこと》の為に愛《めぐ》まれたてまつりたまふ。長《ひととなる》に及《いた》りて弁《わきわき》しくして才学《かどま》有す。尤《もと》も文筆《ふみつくること》を愛《この》みたまふ。詩賦《しふ》の興《おこり》、大津より始れり。

(容姿はたくましく、言葉は晴れやかで、天智天皇に愛された。成人後は分別よく学才に優れ、特に文筆を愛した。詩賦が盛んになるのは、この大津からである)

と、『懐風藻』大津皇子伝には、

状貌魁梧《じょうぼうかいご》、器宇《きう》峻遠《しゅんえん》。幼年にして学を好み、博覧にして能《よ》く文を属《つづ》る。壮《さかり》に及びて武を愛み、多力にして能く剣を撃つ。性頗《すこぶ》る放蕩《ほうとう》にして、法度《ほうど》に拘《かかわ》らず、節を降《くだ》

して士を礼《いや》びたまふ。是れに由《よ》りて人多く附託《ふたく》す。
（身体容貌が大きくてたくましく、度量が高く奥深い。少年のころから学問を好み、博覧にしてよく文章を書く。壮年になってからは武を好み、力が強くてよく剣を使う。性質はかなり放逸であって、規則に拘束されない。高貴の身をへりくだって、人士を厚く礼遇する。これによって人は多く付き従う）

という伝記が見える。

特に、鸕野皇后に対して反感を持っていた人々や、国母《こくも》としての強大な権力を手に入れることを恐れていた人々、あるいは天智・天武のような、カリスマ的な個性による支配を望んでいた人々からは、若き日の天智や天武の面影を髣髴《ほうふつ》させたであろう大津皇子に対する期待が高まっていたであろうことは、想像に難くない。

一般的には、天武は大津皇子を後継者にと望んでいたものの、草壁皇子を擁する鸕野皇后のごり押しによって、それを断念し、草壁皇子を後継者に指名したと考えられているようである。

しかしながら、天武が自分に似ていた大津皇子を後継者にふさわしいと考えていた、と短絡的に考えるのは、いかがなものであろうか。来たるべき律令体制国家という新しい時代の天皇にふさわしいのが、大津皇子ではなく、むしろ草壁皇子の方であろうということは、ほかならぬ天武なればこそ、自覚していたのではあるまいか。

大津皇子のような中国的な専制君主《せんせいくんしゅ》型の君主は、体制の永続化を保証するわけではなく、むしろ中国風の易姓革命《えきせいかくめい》を将来に起こさせる危険性と隣り合わせであった。一方、草壁皇子のような機関型・象徴型・超越型の君主は、国家の支配システムさえ作っておけば、むしろ皇統の永続化を期待することができた。

彼らによって完成された律令国家における天皇は、結果的には中国的な絶対的専制君主ではなかった。天皇と諸氏族層との間には相互依存関係が存在し、中国からもたらされた高度な統治理念による専制的相貌をまといながらも、ヤマト政権以来の伝統と、激動の東アジア国際情勢に対しての現実的な関わりとによって形成された非専制的な実体を持った天皇制だったのである（石上英一《いしがみえいいち》「律令国家と天皇」）。

天武朝という時代、唐との戦争状態が継続していれば、戦争指導者としてふさわしい大津皇子への継承もあり得たであろうが、天武朝後半には、すでに朝鮮半島からの唐軍の撤退が明らかとなり、東アジア世界における一定の政治的安定が実感されていた。天武朝の前半は、きわめて強い軍事的緊張の中にあった国際的「非常時」であり、それに対処するための権力集中がはかられていたが、天武朝後半には、律令の撰定や修史《しゅうし》事業の開始、宮都《きゅうと》の造営など、改革が新たな段階へと進んでいた。これらは、対外的危機の鎮静による政治の安定化によってもたらされたものであろう。

こういった新しい時代の君主にふさわしいのが草壁皇子であろうということは、天武にとっても鸕野皇后にとっても、自覚されていたのではないだろうか。そもそも、草壁皇子が凡庸で人望もなく、病弱であったという一般的な認識（直木孝次郎《なおきこうじろう》『持統天皇』など）も、一方の大津皇子の伝記的な記事との相対的な想像に過ぎないのである。当時の医療水準から見て、発病後すぐに死去することは珍しいことではないし、大津皇子の伝記についても、文学に特有の「敗れし者」への共感が多分に色濃く反映していると見なければならないであろう。

草壁皇子の実像について語る史料は少なく、その人格はよくわからないのであるが、実際には律令国家の君主にふさわしい人物であった可能性も高い。だいたい、天武や持統、大津皇子についても、その実像をどこまで明らかにできるかというと、はなはだ心許ないものなのである。

吉野の誓盟

天武八年（六七九）五月六日、天武、鸕野皇后、成人していた天武皇子の四人（草壁皇子・大津皇子・高市皇子・忍壁皇子）、天智皇子の二人（川島皇子・施基皇子）は、吉野宮《よしののみや》に赴き、誓盟《せんめい》を行なった。

朕《われ》、今日、汝等《いましたち》と倶《とも》に庭《おおば》に盟《ちか》ひて、千歳《ちとせ》の後に、事無からしめむと欲《おもほ》す。奈之何《いかに》。

（自分は今日、お前たちとこの場で共に誓いを立て、千年の後までも事が起こらないようにしたいと思うが、どうか）

という天武の提案に対し、まず草壁皇子が進み出て、

天神《あまつかみ》地祇《くにつかみ》及び天皇、証《あきら》めたまへ。吾兄弟《おのれあにおとと》長《おいたる》幼《いとけなき》、幷《あわせ》て十余王《とおあまりのみこ》、各《おのおの》異腹《ことはら》より出でたり。然《しか》れども同じきと異なりと別《わ》かず、倶に天皇の勅《みことのり》に随ひて、相扶《たす》けて忤《さか》ふること無けむ。若《も》し今より以後《のち》、此《こ》の盟《ちかい》の如くにあらずは、身命《いのち》亡《ほろ》び、子孫《うみのこ》絶えむ。忘れじ、失《あやま》たじ。

（天神の神々、および天皇よ。はっきりとお聞き下さい。私ども兄弟、長幼合わせて十余の王は、それぞれその母は違っております。しかし、同母であろうとなかろうと、みな天皇のお言葉のままに、互いに助け合い、争いはいたしますまい。もし今後、この誓いに背くようなことがあれば、命はなく、子孫も絶えるでありましょう。忘れますまい。過ちを犯

しますまい）

と誓った。五人の皇子も、同じように誓った。天武は、

朕《わ》が男等《こども》、各異腹にして生れたり。然れども今一母同産《ひとつおもはらから》の如く慈《めぐ》まむ。

（自分の子供たちは、それぞれ母を異にして生まれたが、今は同じ母から生まれた兄弟のように慈《いつく》しもう）

と言って、衣の襟を開いて六人の皇子を抱き、

若し茲《こ》の盟に違《たが》はば、忽《たちまち》に朕が身を亡さむ。

（もし自分がこの誓いに違《たが》ったら、たちまちわが身は亡きものとなろう）

と誓った。鸕野皇后も同様に誓った。誓盟の主体者としての行動である。

彼らは七日に飛鳥に還ったのであるが、十日にも六皇子は大殿の前で天武を拝している。有名な「吉野の誓盟」の一場面である。詳しくは倉本一宏『奈良朝の政変劇──皇親たちの悲劇──』をご覧いただきたいが、その後の歴史の展開は、彼らが恐れたとおりとなってしまった。草壁皇子も大津皇子も、結局は即位することなく、彼らの子孫も、千歳どころか、百年後にはほとんど滅びてしまったのである。

この「吉野の誓盟」が、先に挙げた卑母拝礼の禁止を命じた直後に行なわれたことの意

味は、この時点で成人していた天智・天武の皇子のうち、卑母から生まれた高市皇子・忍壁皇子・川島皇子・施基皇子の四人を、まず皇位継承から除外するというものであったと思われる。吉野に赴いた時点では、すでに草壁皇子と大津皇子の二人だけが、天武の後継者となる資格を有するということが、暗黙の了解となっていたのであろう。

次に注目すべきなのは、天武が各皇子を「一母同産」のごとく慈しもうと語ったという点である。生母による差異を設けず、同母出生として扱うというものであるが、その際、鸕野皇后が同行しており、「一母」とは明らかに鸕野皇后のことを指している。ここに天武のキサキの中での鸕野皇后の主導権が確立したと言えよう。

この年十八歳になっていた草壁皇子が、六皇子の筆頭として進み出て、天武の勅に従うことを誓盟、次いで大津皇子以下の五皇子が、「次《ついで》を以て相盟《ちか》ふこと、先の如し」ということとなった。草壁皇子が最初に誓盟するということは、もちろん、天武や鸕野皇后の発意によるものであろう。また、「次」とは序列のことも意味しており、同時に草壁皇子・大津皇子という天武の皇子間の序列が示されたのである。

草壁皇子・大津皇子の結婚

このころ、二人の皇子はキサキを迎えている。草壁皇子には、天智と蘇我石川麻呂《いしかわまろ》の女の姪娘《めいのいらつめ》との間に生まれた阿陪《あべの》皇女《ひめみこ》（草壁皇子より一歳年上、後の元明天皇《げんめい》）が入り、氷高女王《ひだかのひめおおきみ》（後の元正天皇《げんしょう》）を天武九年に、珂瑠《かるの》（軽）王《おおきみ》（後の文武天皇《もんむ》）を天武十三年に、それぞれ産んでいる。

また、大津皇子には、天智と蘇我赤兄《あかえ》の女の常陸娘《ひたちいらつめ》との間に生まれた山辺皇女《やまべのひめみこ》が入っている。壬申の乱当時の近江朝廷《おうみちょうてい》の左大臣であった赤兄の血を引いた者と大津皇子を結婚させたというのは、いったい誰の意志だったのであろうか。

ちなみに高市皇子には、天智と蘇我石川麻呂女の姪娘との間に生まれた御名部皇女《みなべのひめみこ》が入り、長屋王《ながやのおおきみ》を天武十三年に産んでいる。これで高市皇子は、子孫が皇位に就く資格を得たことになる（かつての大友王子のように）。

それらとは別に、二人の皇子と石川郎女《いしかわのいらつめ》（大名児《おおなこ》）との関係が『万葉集』に見えるが（巻第二―一〇七～一一〇）、大名児は本来望まれていた草壁皇子ではなく、大津皇子を選んで大津皇子宮に同居したようである。大名児が蘇我系の女性であることの意味を考えると、草壁皇子の舎人かとされる藤原《ふじわらの》不比等《ふひと》室の媼子《おんし》の近親者の可能性もあり、不比等が室の近親者と草壁皇子とを結び付けようとしたとも考えられる。それを「窃《ひそ》かに」婚した大津皇子というのも、その性格の一端を表わしている。

壬申の乱功臣への封戸賜与

ここで少し話を壬申の乱関係に戻すが、天武は、天武十年（六八一）以前に、功績のあった者十五人を選んで、封戸《ふこ》を賜っている（佐藤《さとう》信《まこと》「「壬申功封」と大宝令功封制の成立」）。

注目すべきは、天武が選んだその十五人の顔ぶれである。それは村国小依《むらくにのおより》（男依）・当麻国見《たいまのくにみ》・郡犬養大侶《あがたのいぬかいのおおとも》（県犬養大伴）・榎井小君《えのいのおきみ》（朴井雄君）・書知徳《ふみのちとこ》（智徳）・書尼麻呂《ねまろ》（根麻呂）・黄文《きふみの》（黄書）・大伴《おおとも》・大伴馬来田《おおとものまぐた》・大伴御行《みゆき》・阿倍御主人《みうし》・神児首《みわのこびと》（三輪子首）・若桜部《わかさくらべの》（稚桜部）五百瀬《いおせ》・佐伯大目《さえきのおおめ》・牟宜都比呂《むげつのひろ》（身毛広）・和尓部《わにべの》（和珥部）君手《きみて》であった。

その内訳は、六月二十二日に吉野から美濃《みの》に先遣された三人、二十四日に吉野を脱出した「元《はじめ》より従《したが》へる者《ひと》」六人、宇陀《うだ》で追い付いた二人、二十五日に鈴鹿《すずか》で合流した一人、戦績の見えない者三人ということになる。

ともに大津宮から吉野に退去し、吉野脱出行を行なった大海人王子の舎人が、十人と大部分を占めており、その一方では、七月二日に発遣した三方面軍の将でも、九人中の四人しか封戸賜与に預からず、大倭《やまと》で決起した大伴吹負《ふけい》や三輪高市麻呂《たけちまろ》なども入っていない。戦績の見えない者のうち、大伴御行と阿倍御主人は、戦闘には参加していないのであろう。天武にとって、「功臣《こうしん》」とはこれらのような者のことを指したのである。

この事実は、天武政権の特徴を示すものとして重視すべきであるが、ここで注目したいのは、吉野から「元より従へる者」である。これは自身が「元より従へる者」を率いた鸕野皇后の意向を反映したものであろう。

「元より従へる者」としての草壁皇子の優位性を確立するため、天武の後継者問題に結論を出さねばならなかったこの時期に、壬申の乱の「元より従へる者」の功績をことさらに強調するというのは、あり得ることだからである。

後に珂瑠王の立太子が日程に上った持統十年（六九六。七月に高市皇子が死去している）、八月に多品治《おおのほんじ》に「元より従ひたてまつれる功と堅く（不破《ふわ》）関を守れる事とを褒《ほ》美めたまふとなり」と、九月に若桜部五百瀬に「元より従ひたてまつれる功を顕《あらわ》したまふとなり」と持統が述べているのと、軌を一にしたものであろう。その一方では、いま一人の「元より従へる」皇子であった忍壁皇子については、持統は終生、これを冷遇している（直木孝次郎「忍壁皇子」）。

このような政治情勢の中、天武十年（六八一）二月という時期、律令の撰定が命じられた日と同日に、おそらくはこれと軌を一にして、二十歳に達した草壁皇子が「皇太子」に選ばれたと『日本書紀』に見えることの意義は、過小に評価されるべきではない。

草壁皇子「立太子」

もちろん、皇太子制は未成立ではあったが（荒木敏夫『日本古代の皇太子』）、律令に包摂された天武後継者の認定という儀式は、来たるべき国家像と君主像を象徴するものであった。律令制に包摂されるべき日本の天皇は、草壁皇子のような人物こそ求められるものであると、ここに宣言されたのである。

こうして成立した日本律令天皇制は、太陽神たる皇祖《こうそ》の子孫であることに唯一の支配の正当性を求め、現実の政治に直接的な責任を持たないという、きわめて日本的な君主像を現実化し、はるか後世、現代に至るまで天皇制を存続させる地盤となった。

現実の政治的・軍事的実力者たちにとっては、天皇家を滅ぼして新たな支配イデオロギーを創生するよりも、既存の天皇制を温存し、これとミウチ的関係を結んで自己の政治意思を具現することの方が、はるかに簡便で即席な政治的手段だったのである。

その意味では、『万葉集』に載せられた草壁皇子の挽歌《ばんか》（巻第二―一六七）が、何ら草壁皇子の生前の政治的な功績を謳《うた》い上げることをせず、皇祖の子孫（「高照らす日の皇子《みこ》」）である天武が、後継者として登場する草壁皇子を最高位に引き上げたことを謳っているに過ぎない（遠山一郎《とおやまいちろう》「天武二皇子の挽歌」）ことは、それ以降の皇位のあり方を示しているとも言えよう。

壬申の乱との関連で言うと、壬申年六月二十六日に「朝明郡《あさけのこおり》の迹太川《とおかわ》の辺《へ》」において、大海人王子とともに「天照太神《あまてらすおおみかみ》を望拝」したであろう草壁皇子（「日並《ひなみし》の皇子《みこ》の尊《みこと》」）が天武の後継者に選ばれたことこそ、まことに象徴的な姿であった。望拝が終わった直後に大津皇子が現われたと壬申紀に記され、大津皇子がこの望拝に参加していないことになっているのは、誰の指示による編集かはわからないが、まったくの偶然とは思えない。

なお、天武十年正月に、草壁皇子の乳母《めのと》氏の氏上である草香部大形《くさかべのおおかた》が小錦下《しょうきんげ》という高位を授けられて難波連《なにわのむらじ》姓を賜り、三月に、大形が国史《こくし》編纂メンバーに加えられているというのは、きわめて示唆に富む事実である。難波氏の中ではさして有力ではなかった草香部氏に属する大形が、『日本書紀』編纂に深く関わっていた可能性も考えられる（加藤謙吉氏のご教示による）。草壁皇子「立太子」の記事は、この間の二月のこととされているのである。

皇子たちの官人化

皇子も含めた皇親《こうしん》を官僚化するということは、天武朝を通じて一貫した政策であったが、天武十二年（六八三）二月、天武は大津皇子に朝政を聴《きこ》しめさせた。二十一歳という成人に達した大津皇子を、何もさせないで措《お》いておくというのも不自然であろうから、これは自然な措置ではあったが、これによって大津皇子の政治的資質が、特に草壁皇子との対比において全官人に周知されてしまった点、そして天武後継者としての大津皇子の存在が支配者層に意識され始めるようになった点には、留意すべきであろう。

有力皇子が国政に参画するというのは、それこそヤマト政権以来の慣例ではあったが、かつてはそれが大王位継承の条件となっていたこともまた、ヤマト政権以来の慣例だったのである。

その後、天武十四年（六八五）正月に、浄御原令《きよみはらりょう》制冠位《かんい》が先行施行された。この年二十四歳の草壁皇子に浄広壱《じょうこういち》、二十三歳の大津皇子に浄大弐《じょうだいに》、以下、高市皇子に浄広弐《じょうこうに》、忍壁皇子と川島皇子に浄大参《じょうだいさん》が、それぞれ授けられた。

この年に浄御原令のうちで冠位制のみを先行させて施行したことについては、皇子の特殊官僚化という、皇親政治の一環としての意義を重視すべきであろうが、もう一つ、各皇子に格差を付けることに眼目があったものとも思われる。

その際、草壁皇子が浄広壱、大津皇子が浄大弐であったことの意味も、考えてみたい。草壁皇子に最上位の浄大壱《じょうだいいち》を授けてしまうと、大津皇子が浄広壱となってしまう。これではともに一位であり、実質的な差はなくなってしまうが、草壁皇子が一位、大津皇子と高市皇子が二位ということになると、草壁皇子と大津皇子・高市皇子の間に、一位と二位の格差を付けることになる。この冠位制を浄御原令全体の完成前の生前に施行した天武、あるいは鸕野皇后の強い意向を窺うことができよう。

大津皇子・草壁皇子の死と鸕野皇后の即位

天武天皇の死と鸕野皇后の称制

それから幾ばくもなく、朱鳥《しゅちょう》元年（六八六）七月、天武天皇《てんむてんのう》は病に倒れ、「天下《あめのした》の事、大小を問はず、悉《ことごと》に皇后《きさき》及び皇太子《ひつぎのみこ》に啓《もう》せ（天下のことは、大小となく、みな皇后と皇太子とに申すように）」という「遺詔《いしょう》」を残した。大津皇子《おおつのみこ》の朝政参与を止め、草壁皇子《くさかべのみこ》に天皇大権の代行を命じたのである。これによって天武後継者が明確となったわけであるが、ただし、同時に鸕野皇后《うののこうごう》も天皇大権の代行者となったことも、見逃すわけにはいかない。

二十五歳になった草壁皇子には、いまだ皇位を譲れない事情が存在したのであろう。それは草壁皇子の健康状態か、能力か、大津皇子の存在か、それともそれまでの大王《おおきみ》の適齢が三十歳とされていたことと関連があるのであろうか。

このころ、大津皇子は伊勢斎宮《いせのいつきのみや》の大伯皇女《おおくのひめみこ》の許を「窃《ひそ》かに」訪ねていることが、『万《まん》葉集《ようしゅう》』から窺える（巻第二―一〇五・一〇六）。大伯皇女が詠んだ次の有名な二首である。

わが背子《せこ》を　大和へ遣《や》ると　さ夜ふけて　暁《あかとき》露に　我が立ち濡《ぬ》れし

（我が君を大和へ帰し行かせるとて、深更、暁の露に、私は立ちつくして濡れた）

二人行けど　行き過ぎがたき　秋山を　いかにか君が　ひとり越ゆらむ

（二人で行っても行き過ぎかねる寂しい秋山を、どんな気持で我が君は、一人で越えているのでしょうか）

このような時期に都を離れて、壬申の乱の記憶を思い起こさせる伊勢へ赴くこと自体が疑惑を招いたであろうことは、想像に難くない。ただし、伊勢《いせ》神宮は私幣《しへい》を禁断しているので、大津皇子がその禁制に抵触したことが、後に問題とされたという意見もあるが（和《わ》田萃《だあつむ》『飛鳥』）、私幣禁断という制度がいつから成立していたか不明であるので、ここでは考慮から外しておく（皇祖神《こうそしん》としての伊勢神宮自体の成立も、当時は未確定である）。

九月九日に天武が死去すると、事態は急変した。草壁皇子の即位を強行し得なかった鸕野皇后は、草壁皇子が三十歳に達するまでの暫定措置として、自身の称制《しょうせい》を選択したのである。鸕野皇后自身が即位してしまうと、譲位の制度がなかった当時、下手に長生きして先に草壁皇子が死去してしまうという、かつての推古《すいこ》と竹田王子《たけだのみこ》・廐戸王子《うまやとのみこ》の轍《てつ》を踏んでしまう恐れがあったのである。

これも群臣の推戴《すいたい》によるのではなく、天皇家内部の自律的な選択に基づいている。即位しないままの称制というのは、斉明《さいめい》の死去した後の天智《てんじ》以来、二人目のことである。

ちなみに『万葉集』には、天武が死去したときに鸕野皇后が詠んだ歌というのが、次のように残されている（巻第二―一五九）。

やすみしし 我が大君の 夕されば 見したまふらし 明け来れば 問ひたまふらし 神《かみ》岳《おか》の 山の黄葉《もみち》を 今日もかも 問ひたまはまし 明日もかも 見したまはまし その山を 振り放《さ》け見つつ 夕されば あやに哀《かな》しみ 明け来れば うらさび暮らし あらたへの 衣の袖は 乾《ふ》る時もなし

（我が大君が、夕方になると御覧になっているに違いない、夜が明けると訪れられているに違いない、あの神岳の山のもみじを、今日にでも訪ねられようものを、明日にでも御覧になろうものを、その山をはるかに見ながら、夕方になるとどうしようもなく悲しくなり、夜が明けると淋しく日を暮らし、藤衣の喪服の袖は乾く間もない）

「大津皇子の変」

しかし、草壁皇子の成長を待っている間に死んでしまいそうなのは、大津皇子よりもむしろ健康状態に不安のある草壁皇子の方だったのであり、そこに草壁皇子の即位を望む鸕野皇后のジレンマがあった。その閉塞状況を一気に打開しようとしたのが、いわゆる「大津皇子の変」である。

『日本書紀《にほんしょき》』巻第二九（天武紀下）によると、九月二十四日、天武殯宮《もがりのみや》において発哀《はつあい》が行なわれたが、「是の時に当りて、大津皇子、皇太子を謀反《かたぶ》けむとす（この時、大津皇子が皇太子に謀反《むへん》を企てた）」と見える。この政変の実態は、以下のように推定することができよう。

九月二十四日に大津皇子が「皇太子を謀反けむと」したにもかかわらず、『日本書紀』持統天皇即位前紀《そくいぜんき》に「己巳《（二日）》、皇子大津、謀反けむとして発覚《あらわ》れぬ（皇子大津の謀反が発覚した）」と見えるように、それが発覚したのは、十日近くを経た十月二日であった。ここから考えると、大津皇子が実際に鸕野皇后、もしくは草壁皇子を害そうとして軍事的な陰謀を計画していたとは考えられない。同様、天武殯宮における誄《しのびごと》の中で大津皇子が草壁皇子を侮辱するような言辞を吐き、それが問題となった（和田萃「誄の基礎的考察」）というのならば、二十四日のうちに発覚していたはずである。そもそも、大津皇子のような立場の者が誄を奉るということは、当時はなかった（倉本一宏「天武天皇殯宮に誄した官人」）。

九月二十四日に起こり得たことというと、後の殯宮儀礼の様子から考えて、鸕野皇后が草壁皇子主導の殯宮儀礼を執行することを発表し（それは草壁皇子を後継者に決定したことの披露でもある）、それに対して大津皇子が人前、おそらくは私的な宴席か何かにおいて不満を述べた、という程度のことであろう（天武の「遺詔」の真憑性に対する疑念もあったかもしれない）。十月二日に「（大津皇子に）詿誤《あざむ》かれたる」官人・大舎人《おおとねり》・沙門《ほうし》・帳内《とねり》等として逮捕された者が三十余人に上ったことから考えると、大津皇子が不満を述べた場に、かなりの数の官人が同席していたのであろう。

ただし、九月二十四日の時点では、これが発覚することはなかった。大津皇子の言葉を聞いていた官人に、大津皇子の同調者（同情者）が多かったことにもよるのであろうが、何より事の重大性を鑑《かんが》みて、密告する者がいなかったことによるのであろう。

それから十日近くを経た十月二日、『懐風藻《かいふうそう》』河島皇子伝によれば、「始め大津皇子と、莫逆《ばくぎやく》の契《ちぎり》」を結んでいた川島皇子《かわしまのみこ》による密告が行なわれた。九月二十四日における大津皇子の発言を、鸕野皇后に報告したのであろう。壬申《じんしん》の乱の後の世を、天智の皇子として生き続けなければならなかった川島皇子の政治的立場の脆弱さが、ここに表われている。

図23　磐余池故地

大津皇子、および与党の官人三十余人は、ただちに逮捕され、翌三日、大津皇子は死を賜った。死を賜ったときに「流涕《りゅうてい》」して詠んだという、

ももづたふ　磐余《いわれ》の池に　鳴く鴨を　今日のみ見てや　雲隠りなむ
（磐余の池に鳴いている鴨を、今日限り見て、私は死んで行くのか）

という辞世歌が『万葉集』（巻第三―四一六）に、

金烏《きんう》西舎《せいしゃ》に臨《て》らひ、鼓声《こせい》短命を催《うなが》す。泉《せん》路賓主《ろひんしゅ》無し、此《こ》の夕《ゆうべ》家を離《さか》りて向かふ。
（太陽は西に傾き、夕刻を告げる鼓の音は自分の短い命をさらにせきたてるように聞こえてくる。黄泉《よみ》の路には客も主人もなく

自分一人だ。この夕べ、自分は家を離れて独り死出の旅路へ向かうのである）

という臨終に際しての絶句が『懐風藻』に、それぞれ載せられている。この日、妃の山辺《やまべの》皇女《ひめみこ》も、「髪を被《くだしみだ》して徒跣《そあし》にして、奔《はし》り赴きて殉《ともにし》ぬ。見る者皆歔欷《なげ》く（髪を振り乱し、裸足でかけつけて殉死し、見る者はみなすすり泣いた）」とあるように、殉死した。

十月二十九日、沙門・帳内各一人を除き、連座者が赦免された。「大津皇子の変」が誣《ぶ》告《こく》による実体のない「謀反」であったことを、鸕野皇后の側も認めざるを得なかったのである。

十一月十六日、伊勢から大伯皇女が帰京した。『万葉集』には、大伯皇女がこのときに詠《うた》ったという、

神風の　伊勢の国にも　あらましを　なにしか来けむ　君もあらなくに

（伊勢の国にでもいればよかったのに、何のために来たのだろう。あの方もいないのに）

見まく欲《ほ》り　我《あ》がする君も　あらなくに　なにしか来けむ　馬疲るるに

（逢いたいと私が切に思うあの方もいないのに、一体何のために来たのだろう、馬が疲れるだけなのに）

という二首の歌（巻第二―一六三・一六四）、また大津皇子を二上山《ふたがみやま》に改葬したときに詠ん

だという、

うつそみの　人なる我や　明日よりは　二上山を　弟《いろせ》と我が見む

（この世の人である私は、明日からは、二上山を弟として眺めることでしょうか）

磯の上に　生《お》ふるあしびを　手折《た》らめど　見すべき君が　ありといはなくに

（岩のほとりに生えている馬酔木を手折りたいと思うが、見せてあげたいあなたがいるというのではないのに）

という二首の歌（巻第二―一六五・一六六）が、それぞれ収められている。なお、大津皇子を藤原宮《ふじわらのみや》から毎日見える二上山（山麓の鳥谷口《とりたにぐち》古墳〈現奈良県葛城《かつらぎ》市新在家《しんざいけ》〉とされる）に改葬したということは、鸕野皇后や草壁皇子にとって、大津皇子の怨霊《おんりよう》というものがいまだ意識されず、恐怖の対象にならなかったことを示すものである。

草壁皇子の死

こうして大津皇子を葬り、確固たる天武後継者の地位を確立したかに見えた草壁皇子であったが、その前途は、平坦なものではなかった。『日本書紀』は、朱鳥元年の記事の最後に、「是歳、蛇《おろち》と犬と相交《つる》めり。俄《しばらく》ありて倶《とも》に死ぬ（この年、蛇と犬とが交わり、ほどなく共に死んだ）」という予兆《よちよう》記事を載せている。言うまでもなく、草壁皇子の早世を暗示したものである。

図24　東明神古墳

その後も、天武殯宮は延々と続いた。持統称制元年（六八七）に二十六歳となっていた草壁皇子は、持統称制元年正月（二回）、五月、十月、持統称制二年（六八八）正月、十一月と、「公卿《まえつきみ》・百寮人等《つかさつかさのひとども》」を率いて、殯宮儀礼を主宰した。それは、営々と続く天武後継者としての確認作業であったが、しかしながら、いまだ三十歳に達せず、すでに病悩していたと思われる草壁皇子は、なかなか即位できなかった。

そして、持統称制三年（六八九）四月十三日、ついに草壁皇子は死去した。この年二十八歳、天皇の適齢とされる三十歳まで、あと二年であった。『万葉集』には、柿本人麻《かきのもとのひとま》呂《ろ》が詠んだ挽歌《ばんか》（巻第二―一六七～一六九）、および草壁皇子の舎人が慟傷《どうしょう》して作った歌二十三首（巻第二―一七〇～一九三）が載せられている。

高光る 我が日の御子の 万代《よろずよ》に 国知らさまし 島の宮はも
（我が日の皇子が、永久に御世を治められるはずであったこの島の宮は、ああ）

というのは（巻第二―一七一）、草壁皇子を喪った人々に共通する想いであったに違いない。なお、ここに至っても、草壁皇子の死が大津皇子の怨霊によるとの史料がまったく見えないことは、特筆すべきであろう。

鸕野皇后の即位

鸕野皇后にとってみれば、自分の産んだ草壁皇子を擁護しようと決意し、第二子出産による死去の危険性を回避するために、大海人王子《おおしあまのみこ》との関係を絶った。やがて大海人王子が天智から即位を要請された際も、大海人王子が自分の後に葛野王《かどののおおきみ》や大津王《おおつのおおきみ》へと大王位を継承することを断念させるため、壬申の乱を起こして草壁王《くさかべのおおきみ》をそれに参加させた。

乱に予定どおり勝利して、大海人王子が天皇位に就くと、自身も初の皇后として、草壁皇子を後見した。吉野《よしの》の宣盟、草壁皇子の「立太子」を経たころ、天武が死去した。

これで草壁皇子の即位かと思っても、有力皇子としての大津皇子が存在した。世代交代に際しての明確な選択が不可能な場合の時間稼ぎとして、鸕野皇后はみずから称制を行なった。

そして、大津皇子の存在が草壁皇子即位の障碍になると考えた鸕野皇后は、大津皇子を無実の「謀反」によって葬った。ところが、その草壁皇子が、即位の日を見ることなく死去してしまった。ここに至って、鸕野皇后の初期の皇位継承構想は、完全に破綻してしまったのである。

草壁皇子が死去した時点で成人していた天武の皇子は、高市皇子・忍壁皇子・磯城皇子となるが、ともに卑母の所生であって、即位の説得力を持たない。

また、未成人の皇子は、穂積皇子《ほづみのみこ》・舎人皇子《とねりのみこ》・長皇子《ながのみこ》・弓削皇子《ゆげのみこ》・新田部皇子《にいたべのみこ》であった。これらのうちで即位の資格を有していたのは、天智皇女から生まれた舎人皇子・長皇子・弓削皇子、蘇我氏から生まれた穂積皇子、藤原氏から生まれた新田部王子の五人であった。

ここで、持統朝に残った天智・天武皇子の叙された冠位を比較してみよう（表3）。

持統朝の後半にもなると、舎人皇子・長皇子・弓削皇子の三人が、かつての大津皇子や高市皇子とほぼ同じ冠位でもって政治の表舞台に姿を現わしているのが読み取れよう。

この三人の年齢を推定すると、舎人皇子が持統九年（六九五）、長皇子と弓削皇子が持統七年（六九三）に、それぞれ冠位を授けられている。このころに二十代に達したと考えると、三人はともに天武朝初年の生まれ、草壁皇子が死去した時点では十代後半であったことになる。ちなみに、この三人の生母の母は、舎人皇子が名門阿倍《あべ》氏、長皇子と弓削皇子が伴造《とものみやつこ》系の忍海《おしぬみ》氏であった。とりわけ鸕野皇后のように蘇我系ではない阿倍氏の血を引いた舎人皇子の存在が、鸕野皇后の脳裡に大きくなっていったものと思われる。

この三人は、あと数年で成人し、さらに数年後には即位を主張できる立場に立つ。その際には、草壁皇子が死去した時点で七歳に過ぎなかった、しかも天武二世王に過ぎない珂《か》瑠《るの》（軽）王《おおきみ》よりも、血縁的には優位に立つことになるのである（図25・26）。

ということで、残された天武の皇子たちを飛び越えて次の世代に草壁皇子の後継者を降ろすことに決めた鸕野皇后は、自分の血が入っており、母も石川麻呂系であった珂瑠王を後継者と定め、珂瑠王が成人するまで、舎人皇子を掣肘《せいちゅう》するために、自身が即位することとした。

父が天武皇子、母が天智皇女のままでは、父が天武、母が天智皇女の舎人皇子よりも、明らかに見劣りする珂瑠王であったが、父が天皇同士の子、母が天智皇女の珂瑠王となる

表3　天武・天智皇子冠位表

	天武十四年正月二十一日	持統五年正月十三日	七年正月二日	九年正月五日	文武四年正月七日
（草壁）	浄広壱	—	—	—	—
（大津）	浄大弐	—	—	—	—
高市	浄広弐		浄広壱		—
川島	浄大参		—	—	—
忍壁	浄大参				
施基					
磯城					
穂積		浄広弐			
長			浄広弐		
弓削			浄広弐		—
舎人				浄広弐	
新田部					浄広弐

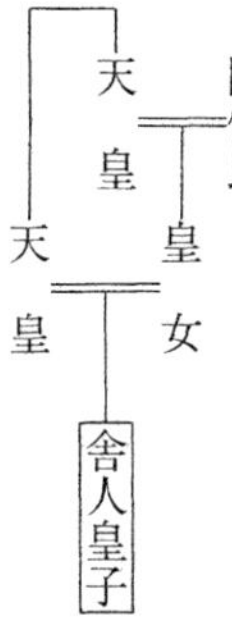

図25　舎人皇子系図（模式図）

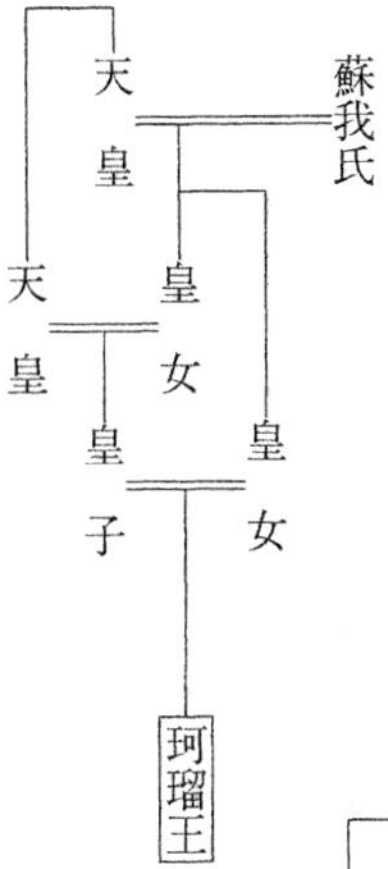

図26　珂瑠王系図1（模式図）

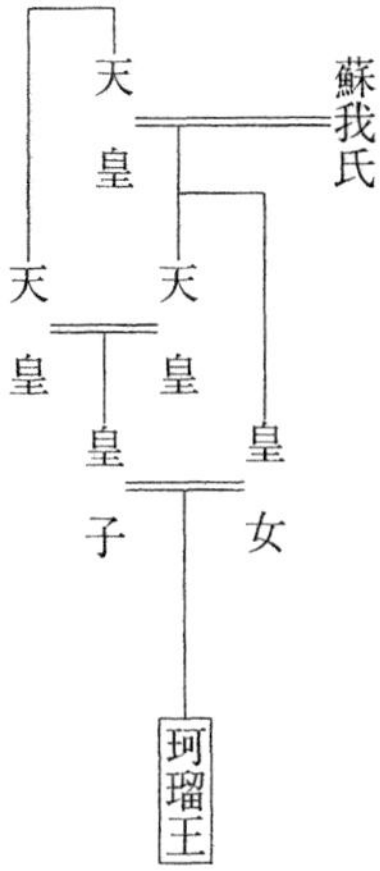

図27　珂瑠王系図2（模式図）

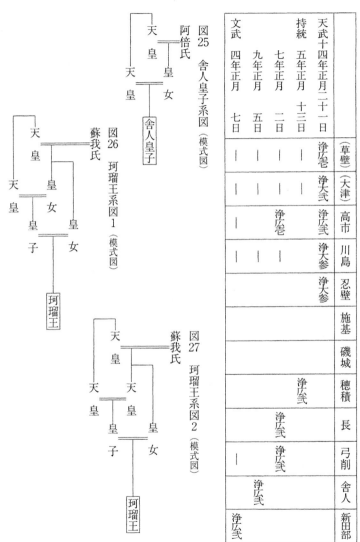

図28　持統を中心とした系図

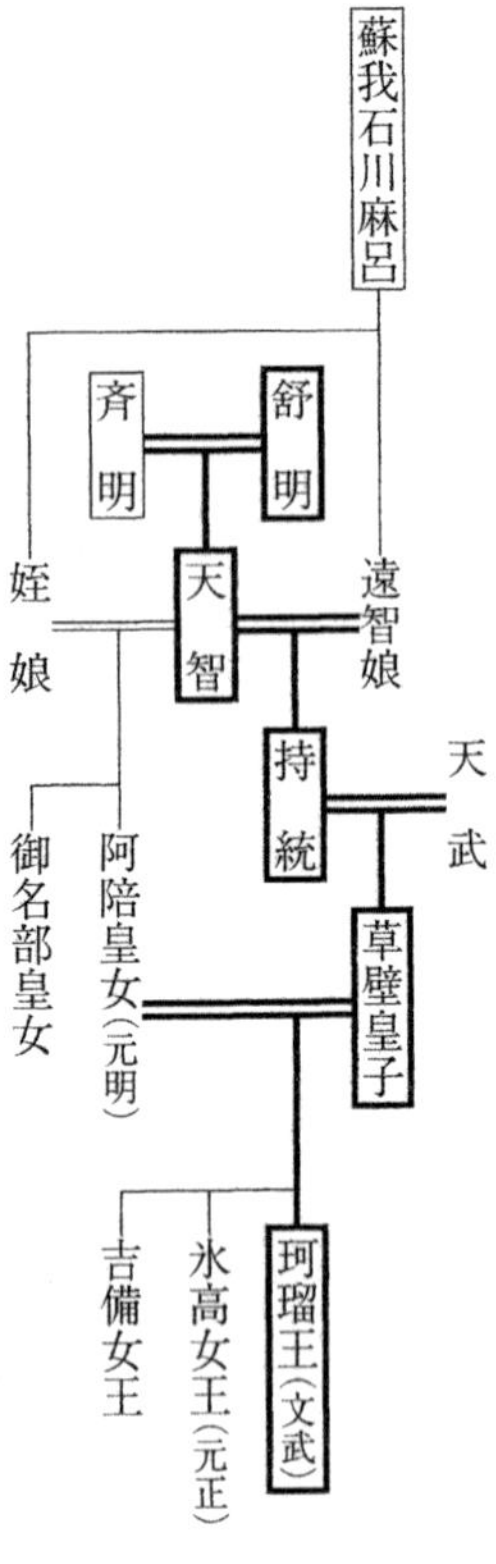

（注）嫡流は太線で示した

と、舎人皇子とも何とか対抗できそうである（図27）。

これならば、珂瑠王が成人するまで、自分が天皇位にあれば、舎人皇子をはじめとする天武皇子に対しても睨みをきかせることができ、舎人皇子の皇位継承に関する発言を抑えたまま、珂瑠王の即位に有利な雰囲気を醸成することができると考えたのであろう。

また、自身が天皇となれば、自身を軸とした皇統に皇位継承の重心が移ることとなる。天武が残した草壁皇子の弟たちよりも、天智が残した自身の妹たちの方に皇位継承の比重を移すことができ、その皇統が新しい嫡流となって、珂瑠王がその中心に立つことができるとも考えたはずである（図28）。

こうして、斉明《さいめい》以来、三人目で四代目の女帝、そして法制化された最初の天皇として、持統天皇が誕生したのである。

持統天皇の皇位継承構想

天武《てんむ》天皇《てんのう》の鴻業《こうぎょう》を継ぐべき持統《じとう》天皇の立場は、天武とは微妙に異なっていた。

持統天皇の立場

持統は、天武の皇后《こうごう》という立場のみではなく、崇福寺《すうふくじ》（現大津市滋賀里《しがさと》町甲《こう》）の造営に象徴されるように、第一に天智《てんじ》の女《むすめ》という意識を強く持っていた。また、山田寺《やまだでら》造営への熱意に象徴されるように、第二に蘇我《そが》系、特に石川麻呂《いしかわまろ》系の天智の女という立場に立っていた。

したがって、阿陪皇女《あべのひめみこ》・御名部皇女《みなべのひめみこ》、および彼女たちを配偶した草壁皇子《くさかべのみこ》・高市皇子《たけちのみこ》への親近感と、かつて大海人王子《おおしあまのみこ》と対立した赤兄《あかえ》系蘇我氏の山辺皇女《やまべのひめみこ》、および彼女を配偶した大津皇子《おおつのみこ》への嫌悪感は、陽に陰に持統の行動を規定していたものと思われる（図29）。

繰り返しになるが、その持統の皇位継承構想は、まずは当然ながら、天武と自分との子である草壁皇子が最優先された。個人的な能力に優れ、多くの官人層の支持も集めていた大津皇子を選ぶとなると、赤兄系蘇我氏の血が次の世代の皇統に受け継がれることに加えて、将来に天皇制の危機をもたらすという危惧が存在した。というところまで多分考えなかったであろう持統は、自分の産んだ草壁皇子を即位させるために、大津皇子を葬った。

その草壁が死去してしまい、持統の初期の皇位継承構想は、完全に破綻してしまった。そこで持統は珂瑠《かるの》（軽）王《おおきみ》を後継者と定め、その成人までの時間稼ぎとして、自分が即位することとなったのである。

吉野行幸

持統にとって、舎人皇子《とねりのみこ》をはじめとする、残された天武の皇子たちの存在は、たえず不安感と焦燥を喚起していたものと考えられる。

持統がその十一年の治世において三十一回も吉野宮《よしののみや》への行幸を行なったのは、その不安感の裏返しであろう。持統は、称制《しょうせい》二年（六八八）十一月に天武の大葬《たいそう》を終えると、称制三年（六八九）正月以来、頻繁に吉野宮を訪れている。特に、称制三年四月に草壁皇子

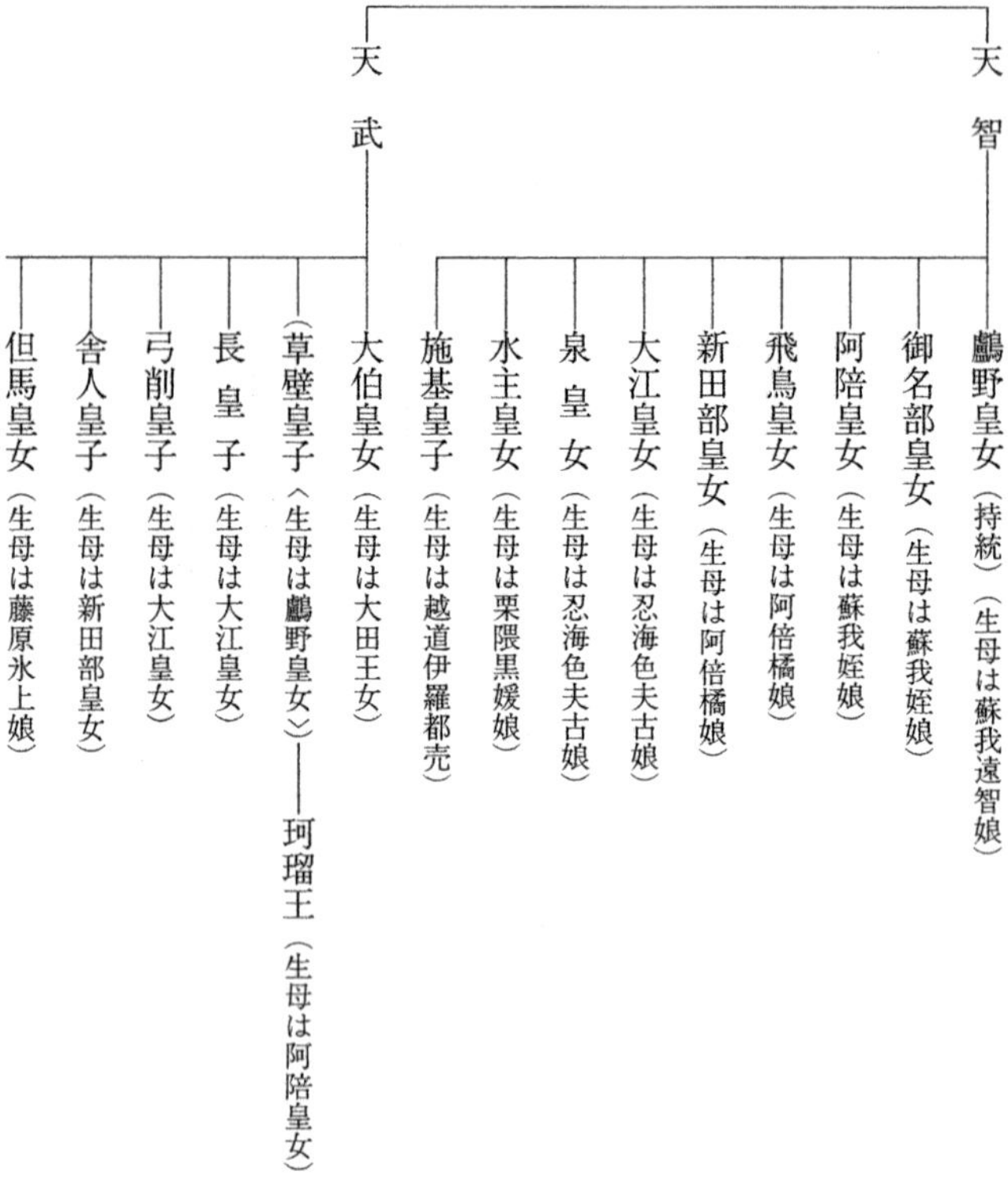

図29　天智・天武の皇子・皇女

新田部皇子（生母は藤原五百重娘）
穂積皇子（生母は蘇我太蕤娘）
紀　皇　女（生母は蘇我太蕤娘）
田形皇女（生母は蘇我太蕤娘）
忍壁皇子（生母は宍人櫢媛）
磯城皇子（生母は宍人櫢媛）
泊瀬部皇女（生母は宍人櫢媛）
託基皇女（生母は宍人櫢媛）

（注）　持統十年時点で生存していた者を示した

を喪《うしな》ってからは、持統十一年（六九七）八月に珂瑠王に譲位《じょうい》するまでの八年あまりの間に、実に三十回もの吉野行幸を行なっているのである（表4）。

それは、即位した大海人王子が次に吉野を訪ねたのが、例の天武八年（六七九）の「吉野の誓盟」の際であったこととは好対照である。このときの天武は、

よき人の　よしとよく見て　よしと言ひし　吉野よく見よ　よき人よく見

（昔の良き人が、良い所だとよく見て、良いと言ったこの吉野をよく見よ。今の良き人よ、

図30　吉 野 宮 故 地

よく見よ）

という歌（『万葉集《まんようしゅう》』巻第一―二七）を残しているのであるが、この後に吉野を訪れることは、二度となかった。

それと比較して、この持統の異常な頻度の背景としては、みずからの王権と皇統が壬申の乱によって成立したこと、そして吉野退去以来、それに自身と草壁皇子が参加していたこと、珂瑠王はその草壁皇子の正統な後継者であるということを、もはや壬申の乱を知らない世代の官人にまで再確認させることにこそ、求められるべきであろう。

もちろん、自己の天武后妃としての正統性としての「吉野の誓盟」も、再確認したはずである。珂瑠王に譲位してから持統に残され

表4　持統天皇吉野行幸表

持統　三年	正月								八月				
四年		二月				五月			八月		十月		十二月
五年	正月				四月			七月			十月		
六年						五月		七月			十月		
七年				三月		五月		七月	八月			十一月	
八年	正月				四月					九月			
九年			閏二月	三月			六月		八月				十二月
十年		二月			四月		六月						
十一年					四月								
文武　元年													
二年													
三年													
四年													
大宝　元年							六月						
二年													

た五年あまりの期間においては、持統が吉野を訪れたのは、大宝元年（七〇一）六月の一回と、極端に少なくなるのである。

持統天皇の行幸

そのほか、持統の行幸は、草壁皇子を喪って以来、持統十年（六九六）の末に珂瑠王を皇太子に立てるまでの間に、吉野以外にも頻繁に見られるようになる。次に表示してみる（表5）。なお、両槻宮《ふたつきのみや》（現奈良県高市郡明日香村岡）など飛鳥《あすか》近辺や藤原京《ふじわらきょう》関連のものは除外してある。

これらのうち、称制三年十月の高安城《たかやすじょう》（現奈良県生駒郡平群《へぐり》町大字久安寺《きゅうあんじ》）行幸は、国防的な意味というよりも、やはり壬申の乱との関連を考えた方がよさそうであるし、持統四年（即位元年、六九〇）二月の腋上陂《わきのかみのつつみ》（現奈良県御所《ごせ》市宮前《みやまえ》町）や持統六年（六九二）正月の高宮《たかみや》（現御所市森脇《もりわき》の葛城一言主《かずらきひとことぬし》神社近辺か）への行幸は、蘇我氏のルーツとしての葛城を訪れたものであろう。

また、持統四年六月の泊瀬《はつせ》（現奈良県桜井市脇本）行幸は伊勢斎宮《いせのいつきのみや》との関連から、持統四年九月の紀伊《きい》行幸や持統七年（六九三）九月の多武峯《とうのみね》（現桜井市多武峯）行幸は斉明《さいめい》との関連から考えるべきであろう。なお、紀伊行幸においては、「有間皇子《ありまのみこ》の結松《むすびのまつ》」（現和歌山県日高郡みなべ町西岩代《にしいわしろ》）において、大津皇子の「謀反《むへん》」を密告した川島皇子《かわしまのみこ》が、

白波の　浜松が枝《え》の　手向《たむけ》くさ　幾代《いくよ》までにか　年の経《へ》ぬらむ

（白波のうち寄せる、浜辺の松の枝に掛けられた手向の幣《ぬさ》は、幾代くらいまで年が経ったのだろう）

と詠《うた》い（『万葉集』巻第一―三四）、無実の「謀反」で、父である天智に滅ぼされた有間王子を偲《しの》んでいる。ちなみに、その川島皇子も、翌持統五年（六九一）九月に死去している。

壬申の乱関係に話を戻すと、珂瑠王が持統六年の冬に安騎野《あきの》に遊猟に出かけたというのも、同じ意味があるのであろう（持統九年〈六九五〉の持統の菟田《うだ》行幸にも、珂瑠王を同行させたかもしれない）。

柿本人麻呂《かきのもとのひとまろ》の以下の歌（『万葉集』巻第一―四六〜四九）では、草壁皇子（「過ぎにし君」「月」「日並の皇子の尊《ひなみしのみこのみこと》」）の後継者としての珂瑠王が、「古《いにしえ》」の壬申の乱の故地を訪れたことが、強く意識されている。

安騎の野に　宿る旅人　うちなびき　いも寝《ぬ》らめやも　古《いにしえ》思ふに

（阿騎の野に仮寝する旅人たちは、伸び伸びとくつろいで眠ることができるだろうか、往時のことを思うと）

ま草刈る　荒野《あらの》にはあれど　黄葉《もみちば》の　過ぎにし君が　形見《かたみ》とそ来し

表5　持統天皇行幸表

	正月	二月	閏二月	三月	四月	五月	六月	七月	八月	九月	十月	十一月	十二月
持統　元年													
二年													
三年	吉野								吉野		高安城		
四年		吉野 腋上陂				吉野	泊瀬		吉野	紀伊	吉野	吉野	
五年	吉野				吉野			吉野			吉野		
六年	高宮			伊勢		吉野		吉野			吉野		
七年				吉野		吉野		吉野	吉野	多武峯		吉野	
八年	吉野				吉野					吉野			
九年			吉野	吉野			吉野		吉野		菟田		吉野
十年		吉野			吉野		吉野						
十一年					吉野								
文武　元年													
二年													
三年													

四年													
大宝　元年							吉野			紀伊			
二年											東国		

（荒野ではあるが、今は亡き皇子の、形見の地として来た）

東《ひむがし》の　野にかぎろひの　立つ見えて　かへり見すれば　月かたぶきぬ

（東の野に陽炎の立つのが見えて、振り返って見ると月は西に傾いてしまった）

日並の　皇子の尊の　馬並《な》めて　み狩り立たしし　時は来向《きむ》かふ

（日並の皇子の尊が馬を並べて狩を催された、その季節がいよいよ来た）

この珂瑠王の安騎野遊猟が、次に述べる持統の伊勢行幸と関連していることは、言うまでもない。

伊勢行幸

持統は、持統六年三月に、壬申年功臣《こうしん》（「群《もろもろ》の豪傑《いさお》しき者《ひとども》」）であった三輪《みわの》高市麻呂《たけちまろ》の諫言《かんげん》を振り切って、伊賀《いが》・伊勢《いせ》・志摩《しま》行幸を敢行した。この行幸については、以前に考察したことがあるが（倉本一宏「『日本霊異記』の大神高市麻呂説話をめぐって」）、その背景は、壬申の乱や持統の皇位継承構想もからんで、なかなかに複雑なのである。

まず、持統六年に入ると、正月に高市皇子に二千戸（以前のものと合わせて五千戸）という莫大な食封《じきふ》を賜ったうえで、二月十一日、持統は、

諸官に詔して曰はく、「当《まさ》に三月三日を以て、伊勢に幸《いでま》さむ。此の意《こころ》を知りて、諸の衣物《きもの》を備ふべし」とのたまふ。

（諸官に詔して、「三月三日に伊勢に行幸しようと思うので、そのつもりで、衣類を準備するように」と言われた）

と詔し、諸司に行幸の準備を命じた。これを知った高市麻呂は、十九日、

是の日に、中納言直大弐《じきだいに》三輪朝臣高市麻呂、表《ふみ》を上《たてまつ》りて敢直言《ただにもう》して、天皇の、伊勢に幸《いでま》さむとして、農時《なりわいのとき》を妨げたまふことを諫《あわ》め争《いさ》めまつる。

（この日に、中納言直大弐三輪朝臣高市麻呂が上表して直言し、天皇が伊勢に行幸され、人々の農耕の時節を妨げることについて諫め申し上げた）

とあるように、上表《じょうひょう》してこの行幸の中止を求めた。

これを受け容れなかった持統は、三月に入ると、三日に広瀬王《ひろせのおおきみ》・当摩智徳《たいまのちとこ》・紀弓張《きのゆみはり》を留守官に任じた。このとき、高市麻呂は、ふたたび諫言を行なった。

是に、中納言大三輪朝臣高市麻呂、其の冠位《こうぶり》を脱《ぬ》きて、朝《みかど》に擎《さ》上《さ》げて、重ねて諫め

て曰《もう》さく、「農作《なりわい》の節《とき》、車駕《きみ》、未だ以て動《ゆ》きたまふべからず」とまうす。

（このとき、中納言大三輪朝臣高市麻呂は冠位を脱いで朝廷にささげ、「農作の時節に行幸なさるべきではありません」と重ねて諫め申し上げた）

とあるように、冠位を賭しての諫言である。持統は、これも受け容れず、六日、

天皇、諫《あわめ》に従ひたまはず、遂に伊勢に幸す。

（天皇はこの諫めに従われず、ついに伊勢におでましになった）

と、伊勢に向けて出立した。

持統は、通過した伊賀・伊勢・志摩国において、国造《くにのみやつこ》に冠位を賜い、公民《こうみん》や騎士・荷丁・造宮丁のその年の調役《えつき》を免じ、天下に大赦《たいしゃ》を行ない、高齢者に稲を賜うなどの優遇措置を執りながら、二十日に飛鳥に還御した。

二十九日、近江《おうみ》・美濃《みの》・尾張《おわり》・参河《みかわ》・遠江《とおとうみ》といった諸国の騎士・荷丁・造宮丁のその年の調役を免じた。以上の八ヵ国、すべて壬申の乱に関係する国々である。

三輪山の麓で大三輪神《おおみわのかみ》を祀《まつ》っていた三輪氏は、壬申の乱以前において、上級のマヘツキミ（大夫）氏族としての地歩を保っていた。壬申の乱においても、三輪子首《こびと》や高市麻呂が大きな戦功を立て、天武朝や持統朝においても上級氏族としての格を保っていた。

図31　志摩国答志郡家故地（おばたけ遺跡）

ところが、このころすでに、壬申の乱功臣の大部分は高齢化して死去する者も多く、その存在感も薄らぎつつあった。その一方では、持統称制三年二月の藤原不比等《ふじわらのふひと》らの判事《はんじ》への任命、六月の浄御原令《きよみはらりょう》の諸司への班賜に象徴されるように、律令《りつりょう》を基盤とした新官僚の台頭も目立ってきていた。

高市麻呂が、古来より水を司《つかさど》り、雨を降らせることを宗としていた大物主神《おおものぬしのかみ》を祀っていたという古代的な、そして在地的な意識を持ち続けていたとするならば、時代の流れに抗して、農繁期の行幸を諫言するというのは、理解できないことではない。

それに対して、持統の行幸は、壬申の乱に勝利をもたらした伊勢の神への報賽《ほうさい》という意味とともに、乱のルートをトレースし、自身（と草壁皇子）の辛苦と優越性を官人層や諸皇子の脳裡に甦らせるという、高度な政治的判断に基づく行為と考えるべきである。

加えて、この持統の伊勢行幸の目的が伊勢の五十鈴《いすず》川の畔《ほと》りに造営中であった伊勢神宮にも関連があるものとするならば（田村圓澄《たむらえんちょう》「中納言大神高市麻呂の憂慮」）、事態はより複雑である。

歴代の大王《おおきみ》が磯城《しき》・磐余《いわれ》地方に宮を営み、大三輪神の神威に加護されたものだったのに対し、新しく出現させた天照大神《あまてらすおおみかみ》の神宮を伊勢に創建することは、大三輪神の神威を軽んじる結果になる。この諫言は、新しい皇統と残された皇子、専制君主的天皇と儒教的倫理観、来たるべき新官僚と取り残された壬申年功臣、それに新旧の神が入り交じった、まことに複雑な事件なのであった。

諫言を行なった高市麻呂は、中納言の官を解かれた。この後、持統太上天皇《だじょうてんのう》が死去した大宝二年まで、高市麻呂の正式な官歴は見えない。そして、官位を賭しての諫言は、古代史上、これが最初でかつ最後である。古い時代と新しい時代のせめぎ合いは、ここに終焉を迎え、日本は国家という非人格的装置をはじめて現出させたのである。

持統太上天皇の「王朝」

持統「王朝」の成立

高市皇子の死

持統《じとう》十年（六九六）七月、高市皇子《たけちのみこ》が死去した。『日本書紀《にほんしょき》』や『万葉集《まんようしゅう》』は彼のことを、「後皇子尊《のちのみこのみこと》」と呼称している。持統四年（六九〇）七月以来、太政大臣《だいじょうだいじん》として政務を総攬し、藤原京《ふじわらきょう》遷都を推進するなど、持統の王権を支えた功績によるものであろう。「軍事カリスマ」として事実上の「皇太子」と認識されていた（水林彪《みずばやしたけし》「律令天皇制皇位継承法の形成と挫折」）わけでは、けっしてあるまい。

高市皇子は皇族の重鎮として国政の頂点に位置する一方で、天智《てんじ》皇女の御名部皇女《みなべのひめみこ》と結婚し、長屋王《ながやのおおきみ》（当時、十三歳）を儲けるなど、その生母の門地から見れば、これ以上は考えられないほどの地位を手に入れたのである。

図32　藤原宮大極殿跡から見た天香具山

壬申《じんしん》の乱の後には十市皇女《とおちのひめみこ》とも関係を持ったとされ、まさに公私ともに充実した人生であったと言えるであろう。かつて壬申年に決死の覚悟で大津宮《おおつのみや》を脱出し、壬申の乱の指揮を執って大海人《おおしあま》軍を大勝利に導いた甲斐もあったというものである。

壬申の乱と言えば、『万葉集』に載せられた高市皇子の挽歌《ばんか》（巻第二―一九九）は、約三分の二が壬申の乱の記述で占められ（残りの三分の一は高市皇子を哀悼《あいとう》する詞）、高市皇子を始祖である天武天皇《てんむてんのう》に包み込んで壬申の乱で活躍させ、また高市皇子に天武の権威を帯びさせるものとされている（遠山一郎「天武二皇子の挽歌」）。十九歳のときの功績だけが、その死に際して謳《うた》われ、その後の二十四年間の政治的功績には、まったくふれられていないのである。

これはもう、この挽歌を作った柿本人麻呂《かきのもとのひとまろ》の個人的な意思と言うよりも、これを作らせた持統天皇の思惑を考えるべきであろう。おりしも高市皇子の死去した翌八月に多品《おおのほん》治《じ》、九月に若桜部五百瀬《わかさくらべのいおせ》が死去し、持統が、それぞれ「元《はじめ》より従《したが》ひたてまつれる功《いたわり》」を褒賞《ほうしょう》している。

かなりの割合の壬申年功臣が死去してしまったこの時期、持統としては、いま一度、壬申の乱の重要性を再確認させたかったのであろう。もちろんそれは、来たるべき珂瑠《かるの》（軽）王《おおきみ》立太子への布石である。

生き残った天武の皇子

高市皇子が死去した時点で、生存していた天武の皇子は七人であった。出生順に、4忍壁皇子《おさかべのみこ》・5磯城皇子《しきのみこ》・6穂積皇子《ほづみのみこ》・7舎人皇子《とねりのみこ》・8長皇《ながのみ》子《こ》・9弓削皇子《ゆげのみこ》・10新田部皇子《にいたべのみこ》である。それぞれの年齢は明らかではないが、個人差はあるものの、叙爵された年か封戸《ふこ》を賜った年を、とりあえずの成人年と仮定して、それを仮に二十歳とすると、高市皇子が死去した持統十年における年齢は、推定で、忍壁皇子が三十一歳、磯城皇子が三十歳、穂積皇子が二十五歳、舎人皇子が二十一歳、長皇子が二十三歳、弓削皇子が二十三歳、新田部皇子が十六歳ということになる。なお、舎人皇子は長皇子や弓削皇子よりも年長であるとされるが、何故か叙爵は二年遅れている。これが持統の意思によるものかどうかはわからないが。

また、生存していた天武の皇子の、生母の地位を勘案した序列は、3舎人皇子・4長皇子・5弓削皇子・6穂積皇子・7新田部皇子・9忍壁皇子・10磯城皇子ということになる。このうち、舎人皇子・長皇子・弓削皇子が天智の皇女の所生、穂積皇子が蘇我《そが》氏、新田部皇子が藤原《ふじわら》氏の所生で、即位の可能性を有していた（96ページ表1）。

この二つの条件を併せると、高市皇子が死去した時点で成人しており、即位の可能性を有していたのは、舎人皇子・長皇子・弓削皇子・穂積皇子の四人ということになる。特に、阿倍《あべ》氏と天智との間に生まれた皇女と、天武との間に生まれた舎人皇子がすでに成人していたという状況で、それを差し置いて、天皇を父としていない天武二世王である珂瑠王《かるのおおきみ》へ皇位を継承させるということが、いかに強引な措置であったかが理解できよう。

すでに六世紀以来の王位継承を見てきて、容易にわかることであるが、これほど大量の旧世代を残しての世代交代というのは、歴史上、例のないことであった。しかも、世代という観点から言うと、天智の皇子や皇女も、大量に生存しているのである（図33）。皇女にも即位の可能性があったことを考えると、珂瑠王への世代交代は、まったく異例の出来

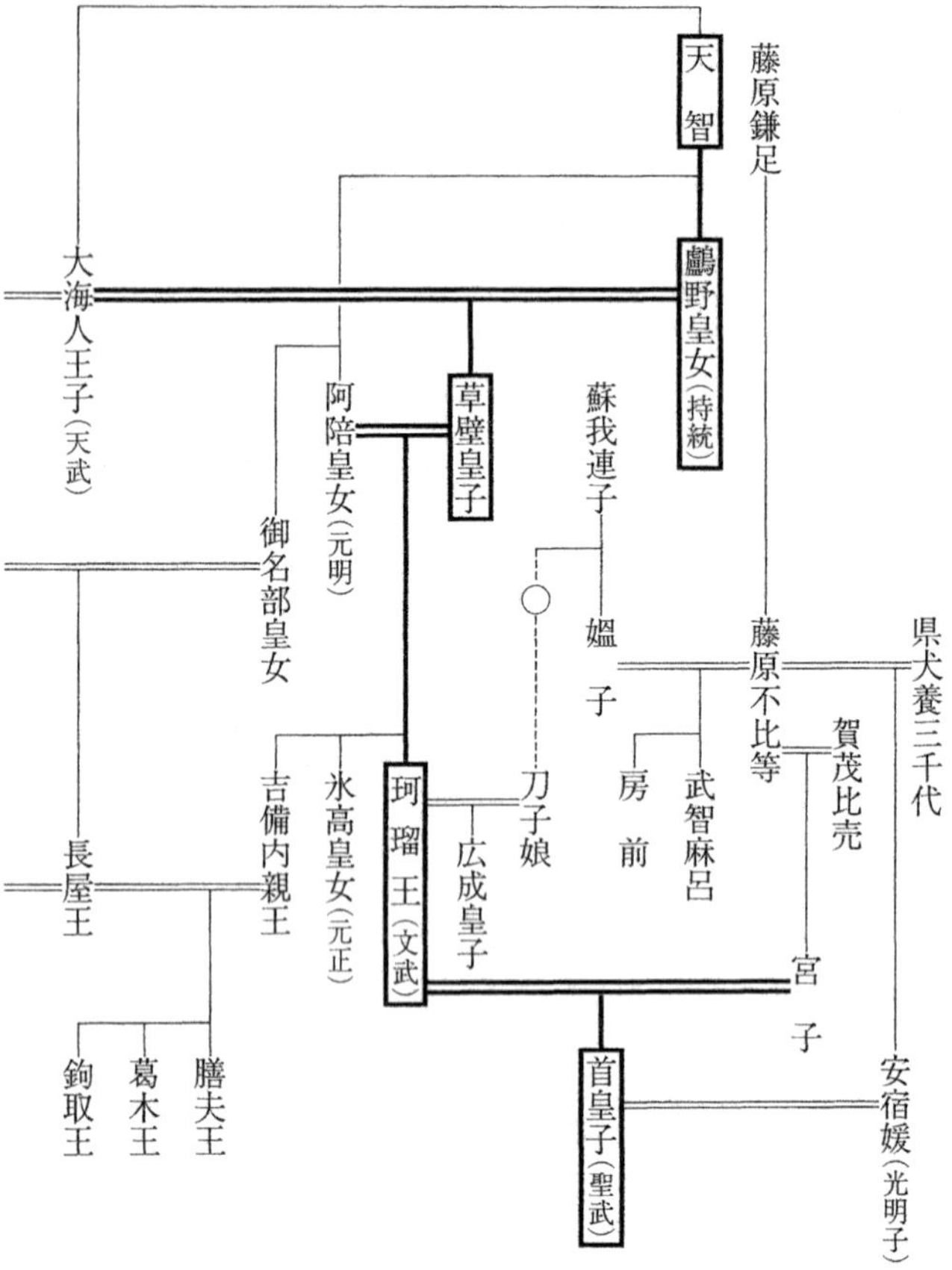
天智
藤原鎌足
鸕野皇女(持統)
大海人王子(天武)
草壁皇子
阿陪皇女(元明)
蘇我連子
御名部皇女
媼子
藤原不比等
県犬養三千代
賀茂比売
武智麻呂
房前
刀子娘
珂瑠王(文武)
氷高皇女(元正)
吉備内親王
広成皇子
長屋王
宮子
首皇子(聖武)
安宿媛(光明子)
膳夫王
葛木王
鉤取王

図33 持統「王朝」系図

（注） 嫡流は太線で示した

事だったのである。

皇嗣決定会議

このような情況であったにもかかわらず、持統は、藤原不比等《ふひと》と葛野王《かどののおおきみ》を協力者として、珂瑠王の立太子を強行した。自身の寿命も考えると、珂瑠王を残して死去してしまうという事態だけは、どうしても避けたかったのであろう。

持統十年の末ごろのこととされるが、持統は「王公卿士」、つまり皇子・諸王・公卿（マヘツキミ〈大夫〉層）を宮中に招いて、皇嗣決定会議を開催した。『懐風藻《かいふうそう》』葛野王伝は、次のように語る。

高市皇子薨《みまか》りて後に、皇太后《こうたいこう》、王公卿士《おうこうけいし》を禁中に引《お》きて、日嗣《ひつぎ》を立てむことを謀《はか》らす。時に群臣、各《おのがじし》私好を挟《さしはさ》みて、衆議紛紜《ふんうん》なり。王子（葛野王）、進みて奏《もう》して曰はく、「我が国家《みかど》の法《のり》と為《な》る、神代より以来《このかた》、子孫相承《あいう》けて、天位を襲《つ》げり。若《も》し兄《けい》弟《てい》相及ぼさば則ち乱、此《ここ》より興《おこ》らむ。仰《おお》ぎて天心を論《かた》らふに、誰か能《よ》く敢《あ》へて測らむ。

然《しか》すがに人事《じんじ》を以ちて推《お》さば、聖嗣《せいし》自然《おのずから》に定まれり。此の外《ほか》に誰か敢へて間然《かんぜん》せむや」といふ。弓削皇子、座に在り、言ふこと有らまく欲《ほ》りす。王子、叱《いさ》び、乃《すなわ》ち止《や》みぬ。皇太后、其の一言《いちげん》の国を定めしことを嘉《よ》みしたまふ。特閲《とくえつ》して正四位を授《さず》け、式部卿に拝《め》したまふ。時に年三十七。

（高市皇子が薨去して後に、持統天皇は、皇族や公卿百寮を宮中に召して、皇太子を立てることを議論させた。そのとき、群臣は、それぞれ自分の好むところを心に抱いて、人々の議論が紛糾した。葛野王が進んで奏上して言うには、「我が国家の法として、神代以来、子孫が相続して皇位を嗣ぐことになっている。もし兄弟が相続するならば、紛乱はここから起こるであろう。仰ぎて天の心を考えても、天意は推測できない。そうであるから、人間関係から考えると、天子の世継は自然に決まっている。この外にとやかく余計なことを言うべきではない」という。弓削皇子は、座に在って、何か一言、言おうとした。葛野王が弓削皇子を叱りつけ、それで言うのを止めた。持統天皇は、この一言が国家を定めたことを誉《ほ》めなされた。特別に選んで正四位を授け、式部卿に拝しなされた。ときに三十七歳であった）

群臣が「私好」を挟み、「衆議紛紜」となったということは、東宮候補が多数存在し、持統が珂瑠王の立太子を希望していることが周知の事実であったにもかかわらず、その皇位継承構想が支持を受けていなかったことを示している。

特に、珂瑠王を次期皇位継承者に推挙し、嫡子継承を正当化した葛野王に対して、弓削皇子が異議を述べようとしたということは、天智の皇女と天武との間に生まれた皇子の存在が、依然として有力な皇位継承資格者として認識されていたことの現われであろう。弓削皇子にとっては、ただ単に同母兄の長皇子を推挙しようとしただけのことだったのであろうが、このような意見が出そうになっているということ自体、持統の皇位継承構想の不自然さを示すものである。

これに対する葛野王の主張は嫡系の父子継承であるが、「神代より以来」などというのが史実に反するのは、出席していた誰もが知っていたはずである。それよりも、これほどの詭弁《きべん》を弄《ろう》してまで、持統の意（「人事〈人間関係〉」）に沿わねばならなかった葛野王の政治的な立場を考えるべきであろう。

嫡系父子継承が本当に行なわれていたならば、天智―大友王子《おおとものみこ》―葛野王という継承順になったはずであった。特に、かつては天智の構想における大王位継承予定者に入っており、大海人王子も承認していたはずの葛野王の口から出た場合、その自己矛盾は誰の目にも明らかであった。壬申の乱の後の天武・持統朝を、大友王子の嫡子として生きなければならなかった葛野王の苦悩を、ここに読み取るべきである。「兄弟で相承したら、乱がそのせいで起こるだろう」という葛野王の言葉を、人々はどのような気持で聞いたのであろうか。

珂瑠王の立太子と即位

この会議を経て、翌持統十一年（六九七）の初頭（『釈日本紀《しゃくにほんぎ》』所引『私記《しき》』には、二月十六日とある）に、珂瑠王の立太子が実現した。二月二十八日に、当麻国見《たいまのくにみ》を東宮大傅《とうぐうだいふ》、路跡見《みちのとみ》を春宮大夫《とうぐうだいぶ》、巨勢粟持《こせのあわもち》を春宮亮《すけ》に任じるという人事が、『日本書紀』に見える。これが日本ではじめての皇太子ということになる。この年、十五歳。この年齢もまた、例のないことであった。律令《りつりょう》制に基づく最初の皇太子は、これまでの年齢の慣例や、執政経験とは無縁の地位ということになるのであろう。

そして七月二十九日に、かつて鸕野皇后《うののこうごう》が病悩した際に天武が造営を始めた薬師寺《やくしじ》（本《もと》薬師寺《やくしじ》。現奈良県橿原《かしはら》市城殿《きどの》町）の仏像の開眼法会を済ませると、八月一日、ついに持統は珂瑠皇太子に譲位《じょうい》した。文武《もんむ》天皇の誕生である。十五歳の君主もはじめてのことであったが、皇太子に立ってから、わずか半年足らず、皇太子としての経験もほとんど経ないま

図34　本薬師寺現況

まの即位であった。生前譲位というのも、皇《こう》極《ぎょく》の場合を例外とすれば、はじめての例である。

八月十七日に宣せられた即位宣命では、文武は、みずからの即位の根拠を次のように語っている（『続日本紀《しょくにほんぎ》』文武元年八月庚辰条（十七日））。

詔《みことのり》して曰《のたま》はく、「……高天原《たかまのはら》に事始めて、遠天皇祖《とおすめろき》の御世、中・今に至るまでに、天皇が御子《みこ》のあれ坐《ま》さむいや継々《つぎつぎ》に、大八島国《おおやしまぐに》知らさむ次《つぎて》と、天つ神の御子ながらも、天《あめ》に坐す神の依《よさ》し奉《まつ》りし随《まにま》に、この天津《あまつ》日《ひ》嗣高御座《つぎたかみくら》の業《わざ》と、現御神《あきつみかみ》と大八島国知らしめす倭《やまと》根《ね》子《こ》天皇命《すめらみこと》の、授け賜ひ負《おお》せ賜ふ貴き高き広き厚き大《おお》命《みこと》を受け賜り恐《かしこ》み坐して、この食国《おすくに》天《あめの》下《した》を調へ賜ひ平げ賜ひ、天下の公民《おおみたから》を恵《うつくし》び賜ひ撫《な》で賜はむとなも、神ながら思《おもほ》しめさくと詔《の》りたまふ天皇《すめら》が大命を、諸《もろもろ》聞きたまへと詔る。……」

(詔して言われるには、「……高天原から事が始まって、遠い始祖天皇の御世から、中頃・現在に至るまでに、天皇の御子がいらっしゃって、大八島国を代々統治されてきたが、皇祖神の御子のままに、天にいらっしゃる神が委任し奉ったとおりに、この皇位を、現御神として大八島を統治なさった倭根子天皇命〈持統〉が、授けなさり負わせなさった貴く高く広く厚い〈即位の〉命令を受けたまわり、畏まって、この天下を調え平らげ、天下の公民を慰撫しようと、神ながら思うのであると仰せになる天皇の大命を、皆は承れと詔る。……」)

文武の皇位というのは、高天原から始まるその子孫が、神武《じんむ》天皇以来、「天に坐す神」の委任を受けて統治してきたことに随って、持統から授けられたものであると主張しているのである。

王権の「共同統治」

文武の経験不足のゆえでもあろうか、日本古代の王権は、天皇個人のみに権力を集約させず、天皇、それに親権《しんけん》を及ぼす太上天皇《だじょうてんのう》、天皇生母、天皇生母の近親者(外戚《がいせき》)などから構成され、「天皇家の長」の主導の下、それらによる共同統治を行なうというような形態を取った。

特に、太上天皇という制度は、養老儀制《ようろうぎせい》令・天子条に、天子・天皇・皇帝・陛下・太上天皇・乗輿《じょうよ》・車駕《きょが》というように、並べて規定され（ちなみに、太上天皇とは、「譲位の帝に称する所」とされている）、養老儀制令・皇后条に、

凡《およ》そ皇后・皇太子以下、率土《そちど》の内、天皇・太上天皇に上表せむときは、同じく臣妾《じんしょう》名《みょう》と称せよ。

（およそ皇后・皇太子以下が、国内で、天皇や太上天皇に上表するときには、同じく「臣妾名」と称せよ）

と規定されているように、天皇と同格の君主として扱われ、天皇大権を行使することとなる、法制化された地位であった（大宝《たいほう》儀制令でも、ほぼ同文であったとされる）。これは中国の太上皇・太上皇帝とは異なる、日本独自の制度であるが（春名宏昭《はるなひろあき》「太上天皇制の成立」）、もちろん、持統と文武の権力行使の実体を反映させて、大宝律令で制定されたものであろう。

最初の太上天皇となった持統は、慶雲四年（七〇七）七月十七日の元明《げんめい》天皇即位宣命《せんみょう》に、

天皇、大極殿《だいごくでん》に即《くらいにつ》位きたまふ。詔《みことのり》して曰《のたま》はく、「……関《かけま》くも威《かしこ》き藤原宮に御宇《あめのしたしらしめ》

しし倭根子《やまとねこ》天皇、丁酉の八月に、此の食国天下《おすくにあめのした》の業《わざ》を、日並所知《ひなみしの》皇太子の嫡子《むかいめばらのみこ》、今御宇しつる天皇に授け賜ひて、並《なら》び坐《いま》して此の天下を治め賜ひ諧《ととの》へ賜ひき。……」

（元明天皇は、大極殿で即位された。詔して言われるには、「……藤原宮で天下を治められた持統天皇は、丁酉年〈持統十一年＝文武元年（六九七）〉の八月に、天下の政《まつりごと》を、草壁皇太子の嫡子で、今まで天下を治められてこられた文武天皇に授けなされて、二人お並びになって天下を治め、調えられてこられた。……」）

と語られているように（『続日本紀』慶雲四年七月壬子条（十七日））、直系の孫にあたる文武と「並び坐して」共同統治にあたり、文武に対しての親権と天皇としての経験によって、文武を後見していたのである。先にも述べたように、その根拠として、天智の定めた「不改常典」が続いて語られることになる。

なお、法制上は天皇と太上天皇とが同格とはいっても、太上天皇が天皇に対する親権行使者である場合（つまり、直系の尊属である場合）、太上天皇の方が天皇よりも強い発言権を持つのは自然なことであるし、太上天皇が天皇に対して直接に教唆や指導を行なうということも、しばしば起こり得たことだったであろう。

なお、太上天皇が天皇に関して行なう政治的後見の具体的な様相を窺うことのできる史料として、文武の後継者である聖武《しょうむ》天皇が、元正《げんしょう》太上天皇から受けていた政治的後見を挙げることができよう。それは、天平元年（七二九）八月の天平改元宣命（『続日本紀』天平元年八月癸亥《（五日）》条）の中で語られているもので、

天皇、大極殿に御しまして詔して曰はく、「……如是《か》く詔《の》りたまふは、大命《おおみこと》に坐せ、皇《すめら》朕《わが》御世《みよ》に当りては、皇と坐す朕も、聞き持たる事乏《とも》しく、見持たる行《おこない》少み、朕が臣と為《し》て供《つか》へ奉《まつ》る人等《たち》も、一つ二つを漏《もら》し落す事も在らむかと、辱《かたじけな》み愧《はずか》しみ思《おもほ》し坐して、我が皇《おおきみ》太上天皇の大前に、恐《かしこ》じもの進退《しじま》ひ匍匐《はらば》ひ廻《もと》ほり白《もう》し賜ひ受け賜らくは、『卿《まえつぎみ》等の問ひ来む政《まつりごと》をば、かくや答へ賜はむ、かくや答へ賜はむ』と白し賜ひ、『官《つかさ》にや治め賜はむ』と白し賜へば、教へ賜ひおもぶけ賜ひ答へ賜ひ宣《の》り賜ふ随《まにま》に、此の食国天下の政を行ひ賜ひ敷き賜ひつつ供へ奉り賜ふ間に、……」

（聖武天皇が、大極殿におでましになられて、詔して言われるには、「……このように言うのは、天皇としての朕が御世においては、天皇である朕も、聞き知っている知識は乏しく、見て心得ている経験も少ないので、朕の臣下として仕えている人たちも、一つ二つの政務に遺漏も在ろうかと、かたじけなく恥ずかしく思うので、我が元正太上天皇の御前で、大変かしこまってお尋ね申し上げることには、『卿等の奏上する政事に、こう答えましょうか、

ああ答えましょうか』と問い、また、『この者をこれこれの官職に任官させましょうか』と問うたところ、教え導き答え伝えてくださるとおりに、この天下の政を行ないながら、お仕え申し上げている間に、……」）

というものである。聖武が、自分一人では聞き知っている知識は乏しく、見て心得ている経験も少ない。かたじけなく恥ずかしいので、太上天皇に畏まってお尋ね申し上げる。臣下の奏上する政事にいかに答えたらよいのか、またこの者をどの官に任じればよいのか、と。そして聖武は、元正の教え導き答え伝えたとおりに統治して、お仕え申し上げてきた、と言っている。天皇大権の根本とも言うべき、聴政《ちょうせい》と人事に関して、常に太上天皇の指示と教導《きょうどう》を受けていたことになる。

持統と文武との関係も、このようなものであったのかもしれない。いや、伯母と甥の関係に過ぎない元正と聖武よりも、祖母と孫の関係になる持統と文武の方が、太上天皇の影響力は、はるかに強かったものと思われる。

先に述べた皇嗣決定会議においては、珂瑠王の立太子を正当化した葛野王の行為に対して、持統は「国を定めた」と認識した。皇統が自己の子孫である珂瑠王によって継承されることが決定したということは、持統にとってはまさに国が定まったと感じられたのであろう。持統と不比等、およびそれぞれの子孫が皇統と輔政を継承することが決定した時点で、律令国家の政権構造は確定したのである（ついでに言えば、親権行使者が現役の天皇よりも強い権力を持つという日本的な権力構造も、ここに確定したことになる）。

持統「王朝」の成立

ここに至り、大津宮《おおつのみや》から始まった天智系皇統と、吉野宮《よしののみや》から始まった天武系皇統、そして山田寺《やまだでら》で潰《つい》えたかのように見えた石川麻呂《いしかわまろ》系蘇我氏とは、完全に合体した。単なる天武系とも天智系とも異なる、いわば持統「王朝」とでも称すべき皇統が成立したのである。

文武三年（六九九）十月、越智山陵《おちのみささぎ》と山科山陵《やましなのみささぎ》の修造が行なわれた。越智山陵（現奈良県高市郡明日香村越《こし》の岩屋山《いわややま》古墳、あるいは牽牛子《けんごし》塚《づか》古墳か）は斉明《さいめい》陵、山科山陵（現京都市山科区御陵《みささぎ》上《かみ》御廟野《ごびょうの》の御廟野古墳）は天智陵である。持統は、自己と文武の皇統の始祖として、この二人の顕彰を始めたのであろう。なお、このときに新造された天智陵は、藤原京の中軸線の真北に位置することが指摘されている（藤堂《とうどう》かほる「天智陵の営造と律令国家の先帝意識」）。

ここで文武即位後の持統の皇位継承構想を推測してみると、文武の後宮に入れるべき適当な皇女（もちろん蘇我系も）はいなかった。天智の皇女も天武の皇女も、文武とは世代が異なるし、すでに結婚しているか死亡していた者が多かったのである。残っていた者も、天智皇女の泉皇女《いずみのひめみこ》が大宝元年（七〇一）、天武の皇女である託基皇女《たきのひめみこ》が文武二年（六九八）、田形皇女《たかたのひめみこ》が慶雲三年（七〇六）に伊勢斎宮《いせのいつきのみや》となってしまい、都を離れた。なお、これらの皇女が斎宮に選ばれたのは、有力皇族との婚姻を避けるための持統の深謀と考えるのは、考えすぎであろうか。

やむなく文武のキサキに選ばれたのは、藤原宮子《ふじわらのみやこ》・紀竈門娘《きのかまどのいらつめ》・石川刀子娘《いしかわのとねのいらつめ》の三人であった。宮子は当時中納言であったと思われる不比等の女、竈門娘は同じく中納言と思われる紀麻呂《まろ》の近親の者であろう。刀子娘は名門蘇我氏（当時は石川氏）の者である。また彼女は、石川媼子《おんし》を通じて不比等や武智麻呂《むちまろ》・房前《ふささき》ともミウチ関係にあった（図33）。

これらのうち、宮子か刀子娘が文武の皇子を産めば、天智の血、天武の血、蘇我氏の血が存続するという、次善の策となると思われたのであろう（不比等は蘇我氏と結婚することによって、尊貴性を高めていた）。実際、宮子と刀子娘は皇子を残しているのであるが、それらの未来については、倉本一宏『奈良朝の政変劇―皇親たちの悲劇―』をご覧いただきたい。

さて、病弱な文武が皇子を残せなかった場合のスペアとしては、阿陪皇女・御名部皇女といった天智の皇女、氷高女王《ひだかのひめおおきみ》・吉備女王《きびのひめおおきみ》といった草壁皇子と阿陪皇女との間の女王を、みずからに続く女帝として想定していたものと思われる。ただし、草壁皇子のキサキであった阿陪皇女と、独身を続けさせていた氷高女王はさておき、高市皇子と結婚して長屋王を産んでいる御名部皇女と、その長屋王と結婚している吉備女王の処遇いかんによっては、長屋王家の政治的立場が極度の重要性を帯びてくることになる。それについては、後ほど述べることとしよう。

最後の旅

最後の吉野行幸と紀伊行幸

大宝律令《たいほうりつりょう》が完成した大宝元年（七〇一）、文武天皇夫人《もんむてんのうぶにん》の藤原宮子《ふじわらのみやこ》が首皇子《おびとのみこ》（後の聖武《しょうむ》天皇）を、藤原不比等《ふひと》の室となった県犬養三千代《あがたのいぬかいのみちよ》が安宿媛《あすかべひめ》（後の光明子《こうみょうし》）を、それぞれ産んだ。この二人が、奈良朝の政治史を明に暗に彩ることになるのであるが、持統太上天皇《じとうだじょうてんのう》としては、病弱な文武が皇子を残すことができて、ひとまずは安堵したことであろう。

その現われであろうか、大宝元年の六月、五年ぶりに吉野《よしの》への行幸を行なった。藤原宮《ふじわらのみや》に帰ってきた七月に、壬申《じんしん》の乱の功臣《こうしん》に食封《じきふ》を賜い、村国小依《むらくにのおより》たち十五人に賜っていた功封の四分の一を子に伝えることを許している（直木孝次郎『持統天皇』）。

図35　武漏の温泉故地

また、大宝元年の九月、持統と文武は、船三十八艘を準備して紀伊《きい》国への行幸を行ない、十月に「武漏《むろ》の温泉《ゆ》」（現和歌山県西牟婁《にしむろ》郡白《しら》浜《はま》町の湯崎《ゆさき》温泉）に到っている。かつて祖母の斉明《さいめい》、父の中大兄王子《なかのおおえのみこ》、夫の大海人王子《おおしあまのみこ》たちと訪ねたであろうこの地を、持統はいかなる想いで訪ねたのであろうか。

なお、このときにも、柿本人麻呂《かきのもとのひとまろ》は、岩《いわ》代《しろ》（現和歌山県日高《ひだか》郡みなべ町西岩代《にしいわしろ》）において、

のち見むと　君が結べる　岩代の　小松が
うれを　また見けむかも
（後に見ようと思って王子が結んでおいた
岩代の小松の梢を王子はまた見たであろう
か）

と詠んでいる（『万葉集《まんようしゅう》』巻第二―一四六）。もちろん、斉明四年（六五八）に有間王子《ありまのみこ》が詠《うた》ったという歌（『万葉集』巻第二―一四一）、

岩代の　浜松が枝を　引き結び　ま幸《さき》くあらば　またかへりみむ

（岩代の浜松の枝を引き結んで、幸いに無事であったら、また帰って来て見ることであろう）

を承けたものであるが、先に挙げた持統四年（六九〇）の行幸の際の川島皇子《かわしまのみこ》の歌といい、当時の宮廷人にとって、有間王子の記憶は、よほど消しがたいものだったのであろう。それは有間王子に対する同情か、はたまた中大兄王子に対する思いであろうか。ただ、傍流の有間王子を滅ぼして非蘇我《そが》系嫡流皇統を確立した父への思いは、持統にとってはまた別のものであったに違いない。

そして持統は、何と死去の直前、と言うより、これが原因で死に至ったようなな気もするのであるが、翌大宝二年（七〇二）十月から十一月にかけて、伊賀《いが》・伊勢《いせ》・美濃《みの》・尾張《おわり》・三河《みかわ》への行幸を行なっている。

最後の旅へ

大宝律令の諸国への頒布と軌を一にして行なわれたこの行幸では、各地で太上天皇として天皇大権を行使し、叙位《じょい》・改賜姓《かいしせい》・賜封《しふう》を行ないながら、壬申の乱のルートを三たびた

図36　三河国府故地（白鳥遺跡）

どっている。美濃を訪れたのは、はたしてこれがはじめてだったのであろうか。

その過程において、九月二十一日にはかつて壬申の乱で玉倉部邑《たまくらべのむら》（現岐阜県不破郡関《せき》ヶ原《はら》町玉《たま》）を急襲した近江《おうみ》軍精兵を撃退し北近江別働隊の将として三尾《みお》城を陥落させた出雲《いずもの》狛《こま》に臣姓を賜った。十月十日にいよいよ行幸に出立したが、それは大宝律令を諸国に頒下する四日前のことであった。

また、現地においては、十一月十三日には尾張国宰小子部鉏鉤《ちいさこべのさいち》の率いていた「二万人の兵」を大海人王子《おおしあまのみこ》に接収させるのに尽力し、大海人王子に「野上《のがみ》の行宮《かりみや》」を提供した尾張大隅《おわりのおおすみ》や尾張馬身《うまみ》の子孫であろう尾治若《おわりのわか》子麻呂《こまろ》・牛麻呂《うしまろ》に宿禰姓を賜った。十一月十七日には壬申年功臣とされる不破《ふわ》郡大領《だいりょう》の宮木実《みやのこのみ》に外従五位下を授けている。各国の国司のみならず、壬申の乱の関係者への褒賞《ほうしょう》を行なっているのは、この行幸の本質が大宝律令頒下だけにあるのではなく、依然として壬申の乱の意義の強調にあったことを示すものである。

死と喪葬

十一月二十五日に還御した持統は、十二月十三日に不予《ふよ》となった。即日、大赦《たいしゃ》・出家得度《とくど》・金光明経講読《こんこうみょうきょうこうどく》などの措置がとられたが、十二月二十二日、ついにそのまま波瀾万丈の生涯を五十八歳で閉じた。まさに命を削ってまでの東国行幸であったことになる。

『続日本紀《しょくにほんぎ》』には、「素服《そぶく》・挙哀《こあい》すること勿《なか》れ。内外《ないげ》の文武《ぶんぶ》の官《つかさ》の釐務《りむ》は常の如くせよ。喪葬《そうそう》の事は、務めて倹約《けんやく》に従へ（喪服を着たり発哀を行なったりしてはならない。中央地方の文武の官の政務は通常のごとく行なえ。喪葬の事は、務めて倹約を旨とせよ）」という遺詔《いしょう》が載せられている（『続日本紀』大宝二年十二月甲寅《（廿二日）》条）。

十二月二十九日から藤原宮西殿の庭（現奈良県橿原市高殿《たかどの》町）に殯宮《もがりのみや》が営まれ、大宝三年（七〇三）に入っても、殯宮儀礼が続いた。十二月十七日、ちょうどその死から一年が経ったころ、最後の誄《しのびごと》が奉られ、大倭《おおやまと》根子《ね こ》天之広野日女尊《あまのひろのひめのみこと》（大倭の国の中心となって支える広野姫尊）という和風諡号《しごう》が贈られた。その日、飛鳥の岡（現奈良県高市郡明日香村岡。飛鳥浄御原宮《あすかのきよみはらのみや》の東側の岡か）において火葬に付され、遺骨は十二月二十六日に天武《てんむ》天皇の「大内山陵《おおうちのみささぎ》」（現明日香村野口《のぐち》の野口王墓）に合葬された。

このうち、火葬については、仏教思想の影響よりも、薄葬《はくそう》思想の影響の方が強いという見方が有力であるが、天皇としてはじめて火葬を行なうよう、おそらくは生前に命じた持統の意思というのも、特筆すべきであろう。独自の墳丘を営まない合葬と併せ、薄葬の普及にかける持統の思いがよく表われている。なお、他者の墓に追葬《ついそう》された天皇（大王《おおきみ》）というのは、生母である石姫王女《いしひめのひめみこ》の磯長陵《しながのみささぎ》（現大阪府南河内《みなみかわち》郡太子《たいし》町太子）に葬られた敏達《びたつ》、子の竹田王子《たけだのみこ》の墓（現橿原市五条野《ごじょうの》町の植山《うえやま》古墳）に葬られた推古《すいこ》に次ぐものである。

遺骨のその後

ここで、本書のテーマとはまったく関係ないのではあるが、持統の遺骨のその後について、ふれておくことをお許しいただきたい。

持統の遺骨が大内山陵に納められてから五百年以上を経た文暦《ぶんりゃく》二年（嘉禎《かてい》元年、一二三五）、この「古墳」は盗掘《とうくつ》を受けた。その際の実況検分を記した『阿不幾乃山陵記《あおきのさんりょうき》』が明《めい》治《じ》十三年（一八八〇）に京都栂尾《とがのお》の高山寺《こうざんじ》から発見された。また、藤原定家《ふじわらのさだいえ》の日記である『明月記《めいげつき》』にも、この盗掘に関する伝聞が記されている。この両者を書き下して示す。まずは『阿不幾乃山陵記』である。

「盗人乱入の事、文暦二年三月廿日、廿一日両夜、入る」と云々。

件《くだん》の陵の形は八角、石壇一迊。一町ばかりか。五重なり。此の五重の峯に森十余株あり。南門に石門有り。門前に石橋有り。此の石門を盗人等、纔《わず》かに人一身通るばかりに切り開く。御陵の内に内外陣有り。先づ外陣は方丈の間ばかりか。皆、瑪瑙《めのう》なり。天井の高さは七尺ばかり、此も瑪瑙。継ぎ目無く、一枚を打ち覆ふ。内陣の広さ、南北一丈四五尺、東西一丈ばかり。内陣に金銅の妻戸有り。広さ左右の扉、各三尺五寸、七尺。扉の厚さ一寸五分、高さ六尺五寸。左右の腋《わき》柱、広さ四寸五分、厚さ四寸、マクサ三寸、鼠走り三寸。冠木《かぶき》、広さ四寸五分、厚さ四寸〈已上《いじょう》、金銅。〉。扉の金物は六、内、小は四〈三寸五分ばかり。〉、大は二〈四寸ばかり。皆、金。〉。已上の形、蓮の花の如し。返花古不の形、獅子《しし》なり。内陣の三方上下、皆、瑪瑙か。朱塗りなり。御棺は張り物なり〈布を以て張り、角を入るるなり。〉。朱塗り。長さ七尺、広さ二尺五寸ばかり、深さ二尺五寸ばかりなり。御棺の蓋は木なり。朱塗り。御棺の床の金銅は厚さ五分。互いに上を彫り透かす。左右に八、尻頭に四、クリカタ四〈尻二、頭二〉。御

図37 檜隈大内陵現況

骨、首は普通より少し大なり。其の色、赤黒なり。御脛《すね》の骨の長さ一尺六寸、肘《ひじ》の長さ一尺四寸。御棺内に紅の御衣の朽ちたる少々在り。盗人の取り残せる物等は橘寺《たちばなでら》に移さる。内、石の御帯一筋、其の形は銀を以て兵庫クサリにして、種々の玉を以て飾る。石二アリ。形は連銭の如し。表手の石、長さ三寸、石の色は水晶の如し。玉帯に似る。御枕は金銀珠玉を以て飾ること唐物に似る。言語の及び難きに依りて注《しる》さず。仮令《たと》えば、其の形、鼓《つづみ》の如し。金銅の桶一〈一斗ばかりを納むるか。〉、床に居り。其の形、礼盤の如し。鏁《くさり》少々。クリカタ一在り。

……

墳丘の形、石室の形と大きさと装飾、天武の棺の様式と大きさ、天武の遺骨の大きさ、盗掘を免れた物の処置、持統の骨壺を収めていた「金銅の桶」について記されているが、持統の遺骨についての言及はない。それが窺えるのは、次の『明月記』嘉禎元年四月二十二日条と六月六日条の記事である。

（四月）廿二日。……「山陵を発《あば》き盗める事、天武天皇の大内山陵」と云々。「只《ただ》、白骨、相連なり、又、白髪、猶ほ残る」と云々。

（四月廿二日。……「山陵をあばいて盗んだというのは、天武天皇の大内山陵であった」ということだ。「ただ、白骨が相連なり、また、白髪がまだ残っている」ということだ）

（六月）六日。……暲尋《しょうじん》、入り来たる次《つ》いでに、山陵を見奉る者の伝ふる説を語る。聞く毎《ごと》に哀慟《あいどう》の思ひを増す。御陵に於いては又、固め奉る由、其の聞こえ有り。定めて簡略か。女帝の御骨に於いては、銀の筥《はこ》を犯し用ゐんが為、路頭に棄《す》て奉り了《おわん》ぬ。塵灰《じんかい》と雖《いえど》も、猶ほ尋ね収めらるべきか。等閑《なおざり》の沙汰は悲しかるべき事か。

（六月六日。……暲尋がやって来たついでに、大内山陵を見奉った者の伝えた説を語った。聞くごとに哀慟の思いを増した。大内山陵については、ふたたび盗掘口を固め奉るとの風聞が有る。きっと簡略なものであろう。女帝の御骨については、銀の筥を盗んで用いるために、路頭に棄て奉ってしまった。塵灰とはいっても、やはり遺骨を探して収められるべきであろう。いい加減な処置は悲しむべき事であろう）

天武の遺体の様子もさることながら、持統の遺骨が納められていた銀の骨壺を用いるために、遺骨を路頭に廃棄したなどと、とんでもないことをしでかしたものである。現在、天武・持統合葬陵を訪ねるたびに、参道を登りながら、持統の遺骨が棄てられたのはこのあたりなのだろうかと、いつも感慨深いものがある。

大内山陵

現在、この「天武・持統合葬陵」（野口王墓）は、真の被葬者《ひそうしゃ》と宮内庁《くないちょう》の治定《じじょう》が合致している例外的な古墳として有名であるが、鎌倉《かまくら》時代の盗掘以来、この古墳が一貫して大内山陵と考えられてきたわけではない。

江戸時代に入ると、この野口王墓と（五条野）丸山《まるやま》古墳（現橿原市五条野町）のいずれが大内山陵であるかが問題となった。元禄《げんろく》十二年（一六九九）までに行なわれた元禄の修陵では、野口王墓が大内山陵として扱われているが（『御陵所考《ごりょうしょこう》』）、享保《きょうほう》十九年（一七三四）の『大和志《やまとし》』では、丸山古墳が大内山陵とされている。

嘉永《かえい》元年（一八四八）に著わされた津《つ》藩の北浦定政《きたうらさだまさ》の『打墨縄《うちすみなわ》』でも丸山古墳が大内山陵とされ、野口王墓は文武天皇陵に比定《ひてい》された。文久《ぶんきゅう》二年（一八六二）から始まった文久の修陵においても、野口王墓は文武天皇陵として仮修補されている。

そして、先に述べたように、明治十三年に『阿不幾乃山陵記』が発見されたことによって、明治十四年（一八八一）に野口王墓が天武・持統合葬陵に再治定されることとなり、今日に至っているのである。その一方で、高松塚古墳《たかまつづか》（現明日香村平田《ひらた》）を巻き込んだ文武陵（現明日香村平田の中尾山古墳《なかおやま》）をめぐる混乱、丸山古墳と欽明陵《きんめい》との関わりが生まれたのは、周知のとおりである。

以上のような数奇な変遷を経た天武・持統合葬陵であったが、文献史料によって被葬者が確定され、正確な被葬者に対する祭祀が行なわれているというのは、まだしも幸運なことであったと言うべきであろう。

和風諡号の改変

さて、持統の「大倭根子天之広野日女尊」という和風諡号は、かなり早い時期に改変されたようである。『日本書紀《にほんしょき》』や『続日本紀』巻第一の文武天皇即位前紀《そくいぜんき》には、「高天原広野姫天皇《たかまのはらひろのひめのすめらみこと》」と見えるのである。

「大倭根子天之広野日女尊」という諡号が見えるのは『続日本紀』の巻第三で、大宝三年当時の原史料をそのまま記したものであり、「高天原広野姫天皇」はそれから十七年後の養老《ようろう》四年（七二〇）に撰進された『日本書紀』の編纂過程で改変されたものと考えるべきであろう。『続日本紀』巻第一の文武天皇即位前紀の方は、『続日本紀』の編纂過程で、改変された諡号を用いたものであろう。

問題は、「大倭国の中心となって支える」という意味の「大倭根子」から改変された、「高天原」という語である（なお、「広野」の方は、「鸕野」または「讃良《さらら》」という諱《いみな》に由来するとされる）。もとより確証のあるものではないが、このころ、高天原神話が成立したと考えれば、持統をその中心に据えようという動きがあったものかとも考えられよう。

図38　天照大神と持統天皇

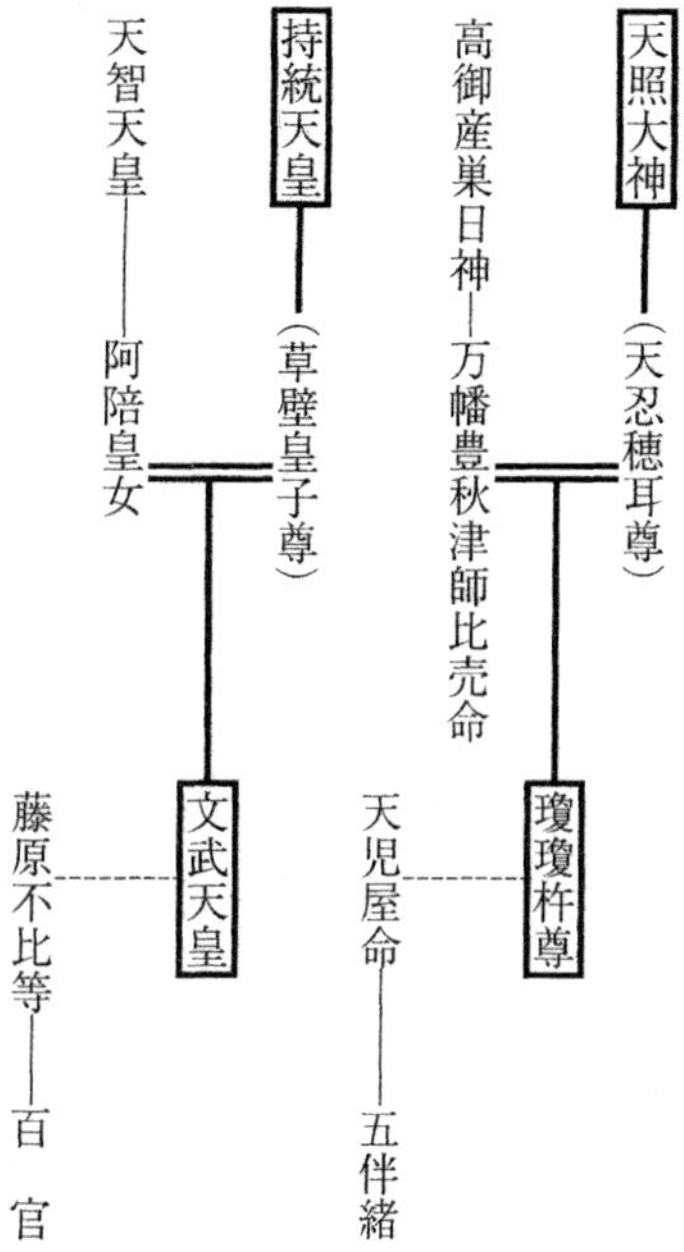

よく指摘されるところであるが、天照大神《あまてらすおおみかみ》が、子の天忍穂耳尊《あまおしほみみのみこと》を地上に降臨させようとしたものの、その夭折《ようせつ》によって果たせず、天忍穂耳尊と万幡豊秋津師比売命《よろずはたとよあきづしひめのみこと》との間に生まれた天孫《てんそん》の瓊瓊杵尊《ににぎのみこと》を降臨させ、それを天児屋命《あめのこやねのみこと》が五伴緒《いつとものお》を率いて随伴《ずいはん》するという構造は、持統が、子の草壁皇子尊《くさかべのみこのみこと》を即位させようとしたものの、その夭折によって果たせず、草壁皇子と阿陪皇女《あべのひめみこ》との間に生まれた孫の文武を即位させ、それを藤原不比等が百官を率いて輔弼《ほひつ》するという構造と同じものである（遠山美都男《とおやまみつお》『古代の皇位継承』、図38）。

これ以上の穿鑿《せんさく》は、もはや歴史学の範囲を越えており、私などには行ないかねるのであるが、壬申の乱の際の天照大神望拝と鸕野王女《うののひめみこ》との関係、伊勢神宮の成立と持統との関係を考えるとき、これは偶然の類似とは思えないのである。

「奈良朝の政変劇」への道——エピローグ

持統太上天皇の誤算

以上、持統《じとう》（鸕野《うの》）の皇位継承構想を、天皇《てんのう》制の成立とからめながら、たどってきた。しかしながら、現実の歴史の流れというのは、当事者の思惑どおりに推移するということは、まずないと言ってもよいであろう。

持統太上天皇《だじょうてんのう》の確立した皇位継承構想も、「王朝」とも称すべきその皇統も、ほんのちょっとした歴史の偶然によって、はかなくも崩壊してしまうことになり、やがて「奈良朝の政変劇」が繰り広げられることになったのである。

持統の全面的な後見によって即位した文武《もんむ》天皇は、君主としてもっとも重要な資質に欠けていた。多くの后妃を置かず、皇后《こうごう》も立てず、皇子をほとんど残すことがなく、しかも慶雲四年（七〇七）に二十五歳で死去してしまった。奈良朝の数々の政変劇は、この一点に、すべて起因しているのである。

公式には、彼の残した皇子は、藤原宮子《ふじわらのみやこ》が大宝元年に産んだ首皇子《おびとのみこ》（後の聖武《しょうむ》天皇）のみであった。一方では、藤原氏が全力を挙げて首皇子の立太子と即位を画策し、また一方では、はじめての藤原氏所生天皇の即位を肯《がえ》んじない人々の策謀が始まったのである。

また、文武の残した皇子は首皇子のみではなく、石川刀子娘《いしかわのとねのいらつめ》が産んだ広成《ひろなりの》（広世《ひろよ》）皇子《みこ》もいたらしいのであるが、広成皇子は和銅《わどう》六年（七一三）十一月に突然、皇籍《こうせき》を剥奪《はくだつ》された（角田文衞《つのだぶんえい》「首皇子の立太子」）。藤原氏所生の首皇子の即位を最優先に望んだ藤原不《ふ》比等《ひと》によって、広成皇子は葬られてしまったことになる。

こうして、持統―不比等（および県犬養三千代《あがたのいぬかいのみちよ》）による、文武―首皇子への直系皇位継承路線と、蘇我《そが》系皇族（たとえば氷高《ひだか》内親王や吉備《きび》内親王、長屋王《ながやのおおきみ》、吉備内親王と長屋王との間に生まれた三人の王、長屋王と石川《いしかわ》夫人との間に生まれた桑田王《くわたのおおきみ》など）への皇位継承を模索する路線との間に、微妙な雰囲気が生じてきたのである。

混迷する政局

首皇子は和銅七年（七一四）六月に立太子したが、霊亀《れいき》元年（七一五）九月には、文武の同母姉の氷高内親王が、元明《げんめい》天皇（文武の生母の阿陪《あべの》皇女《ひめみこ》）の禅譲《ぜんじょう》を受けて即位し（元正《げんしょう》天皇）、首皇太子の即位は見送られた。

そして不比等は、養老四年（七二〇）八月に、首皇子の即位を見ることなく、死去した。神亀元年（七二四）二月に、いよいよ首皇子が即位し、聖武《しょうむ》天皇となったのであるが、藤原光明子《こうみょうし》が神亀四年（七二七）閏九月に生んだ基皇子《もといのみこ》（「某王」の誤写か）は、十一月に立太子したものの、神亀五年（七二八）九月に夭死《ようし》してしまう。

この間、聖武のいま一人のキサキである県犬養広刀自《ひろとじ》から安積《あさか》親王が誕生している。危機感を募らせた藤原武智麻呂《むちまろ》をはじめとする四子は、神亀六年（天平《てんぴょう》元年）二月、長屋王が擁していた、蘇我系皇族腹、蘇我氏腹の皇親を根こそぎ除滅した。いわゆる「長屋王の変」である。

持統「王朝」の終焉

安積親王も天平十六年（七四四）に急死した結果（藤原仲麻呂《なかまろ》の策謀という説もある）、持統「王朝」は絶えてしまった。奈良朝後半には、持統によって皇位継承から遠ざけられたはずの天武皇子の子（二世王）に皇位継承権が生まれ、政局は極度に混迷することとなったのである。皇権が不安定になり、藤原氏の優位性が確立しかかったこの時代においては、ほかの古代氏族は彼ら天武二世王と結合することによって、起死回生の勢力挽回をはかり、その結果、数々の事件の主役として多くの皇親が抹殺されることとなった。

奈良時代の末には、天武の残した十人の皇子の子孫たちは、時代の激流に翻弄《ほんろう》され、千年どころか、百年も経たないうちに、文字通り絶え果ててしまった。まさに「吉野の誓盟」において、皆が危惧したとおりになってしまったことになる。

このような結末を見ることなく、自己の「王朝」の末長い繁栄を信じて死去した持統は、まだしも幸福だったのかもしれない。

あとがき

いつからだろうか。頭の片隅に持統天皇のことがこびりついて離れない。

　ちょうど三十年前に大学に入学して以来、天武天皇のことを考え続けてきたのであるが、天武の行動や政策を考えていると、「これは天武と持統が共同で行なったことではないか」というふうに考えるようになった。そしていつしか（結婚してからである）、「これは持統が天武に行なわせたのではないか」という考えが湧いてくるようになったのである。かつて藤原不比等のことを「埋もれた巨像」と呼んだ先学がおられたが、持統こそは隠れもない巨像であり、この国の有り様を決定付けたのではあるまいか。

　かつて『一条天皇』（『人物叢書』）と『壬申の乱』（『戦争の日本史』）を担当してくださった編集の方が、壬申の乱が終わっても大海人王子《おおしあまのみこ》が鸕野王女《うののひめみこ》に会いに行こうとしなかったという部分にいたく興味を持たれ、「この二人の関係はどのようなものだったのでしょうか。個人的にこっそり教えてください」とおっしゃったことがあった。

そのときは、「当時の王族の夫婦というのは、現代の夫婦とは違いますから」と言って誤魔化しておいたのだが、本書は少しはその回答になり得たであろうか。

さて、一九九五年（平成七）七月八日、本郷の山上会館において、「あたらしい古代史の会」（通称「あた古の会」）が発足した。（当時の）若手・中堅クラスの古代史研究者が集まり、毎月一回、研究発表を行なって酒を呑むという会である。「新しい古代史」を追究する会か、「新しくできた」古代史の会なのか、議論が分かれるところであるが、ともかくも十年以上も続いているのは、画期的なことであろう。

私は最初の日から参加することができ、この十三年間で十四回の発表をさせていただいた。特に古い時代を研究されている方が多いのも、まことにありがたいことで、いつものご意見はきわめて有益な糧となっている。また、異なった分野の研究者の方々からは、さまざまなご意見をいただくことができ、こちらの蒙《もう》を啓《ひら》くことができている。そして何より、年齢を取っても一向に学問への情熱が衰えずに進化し続けておられる先輩方と接していると、自分はまだまだ未熟者で、これから頑張らなければという気になってくる。

今回も、松原弘宣氏の論文で通説とは異なる熟田津《にぎたつ》の故地が存在することを知って、それを酒席で話したところ、加藤謙吉・篠川賢・増尾伸一郎の三氏が、一緒に見に行ってやろうということで、「現地調査」にご同行してくださった（現地では松原氏にご案内いただいた）。返す返すも、まことにありがたいことである。このような人間関係から、学問は発展していくのであろうと信じてやまない。

とまれ、壬申の乱と天武・持統をめぐる私の研究も、これで一段落した。これからは、研究も仕事も、新たな局面に向かっていくことになるはずである。

最後になったが、この本を書いている最中の二〇〇八年二月二十六日、『平安貴族の夢分析』が届くはずの日に、父が逝去した。父は私が高校二年のときと大学一年のときに大病を患い、生死の境を彷徨《さまよ》った。もしもそのときに死なれていたりしたら、私は研究の世界に足を踏み入れることもできなかったであろう。この本も見せることができなかったが、胃もほとんどない状態で、よくぞ三十年以上も生きていてくれたものと感謝している。

二〇〇八年九月

熱田津故地にて

著　者　識　す

史料・参考文献

史料

坂本太郎・家永三郎・井上光貞・大野晋校注『日本書紀』下（『日本古典文学大系』六八）、岩波書店、一九六五年

井上光貞監訳（笹山晴生現代語訳）『日本書紀』下、中央公論社、一九八七年

青木和夫・稲岡耕二・笹山晴生・白藤禮幸校注『続日本紀』一〜三（『新日本古典文学大系』一二〜一四）、岩波書店、一九八九・九〇・九二年

佐竹昭広・山田英雄・工藤力男・大谷雅夫・山崎福之校注『万葉集』一（『新日本古典文学大系』一）、岩波書店、一九九九年

小島憲之校注『懐風藻・文華秀麗集・本朝文粋』（『日本古典文学大系』六九）、岩波書店、一九六四年

家永三郎・藤枝晃・早島鏡正・築島裕校注『聖徳太子集』（『日本思想大系』二）、岩波書店、一九七五年

沖森卓也・佐藤信・矢嶋泉『藤氏家伝―鎌足・貞慧・武智麻呂伝 注釈と研究―』吉川弘文館、一九九九年

『阿不幾乃山陵記』（秋山日出雄「檜前大内陵の石室構造」橿原考古学研究所編『橿原考古学研究所論集』五所収、吉川弘文館、一九七九年）

五味文彦監修・尾上陽介編集『明月記 徳大寺家本』七、ゆまに書房、二〇〇五年

参考文献

荒木敏夫『日本古代の皇太子』（『古代史研究選書』）、吉川弘文館、一九八五年
荒木敏夫『可能性としての女帝—女帝と王権・国家—』（AOKI LIBRARY 日本の歴史）、青木書店、一九九九年
加藤謙吉『蘇我氏と大和王権』（『古代史研究選書』）、吉川弘文館、一九八三年
倉本一宏『奈良朝の政変劇—皇親たちの悲劇—』（『歴史文化ライブラリー』五三）、吉川弘文館、一九九八年
倉本一宏『壬申の乱』（『戦争の日本史』二）、吉川弘文館、二〇〇七年
河内祥輔『古代政治史における天皇制の論理』（『古代史研究選書』）、吉川弘文館、一九八六年
小林敏男『古代女帝の時代』校倉書房、一九八七年
篠川賢『飛鳥の朝廷と王統譜』（『歴史文化ライブラリー』一二二）、吉川弘文館、二〇〇一年
遠山美都男『古代の皇位継承—天武系皇統は実在したか—』（『歴史文化ライブラリー』二四二）、吉川弘文館、二〇〇七年
直木孝次郎『持統天皇』（『人物叢書』四一）、吉川弘文館、一九六〇年
仁藤敦史『女帝の世紀—皇位継承と政争—』（『角川選書』三九一）、角川書店、二〇〇六年
和田萃『飛鳥—歴史と風土を歩く—』（『岩波新書』新赤八五〇）、岩波書店、二〇〇三年

朝枝善照「日本古代出家考」『続日本紀研究』一七三、一九七四年
荒木敏夫「女帝と王位継承」『日本古代王権の研究』吉川弘文館、二〇〇六年、初出一九九〇年
荒木敏夫「日本古代の大后と皇后」『日本古代王権の研究』吉川弘文館、二〇〇六年
石上英一「律令国家と天皇」『律令国家と社会構造』名著出版、一九九六年、初出一九九二年
大平聡「日本古代王権継承試論」『歴史評論』四二九、一九八六年
倉本一宏「天武天皇殯宮に誄した官人」『日本古代国家成立期の政権構造』吉川弘文館、一九九七年、初出一九八四年
倉本一宏「氏族合議制の成立」『日本古代国家成立期の政権構造』吉川弘文館、一九九七年、初出一九九一年
倉本一宏「古代氏族ソガ氏の終焉」『日本古代国家成立期の政権構造』吉川弘文館、一九九七年、初出一九九一年
倉本一宏「『日本霊異記』の大神高市麻呂説話をめぐって」小峯和明・篠川賢編『日本霊異記を読む』吉川弘文館、二〇〇四年
倉本一宏「大和王権の成立と展開」宮地正人・佐藤信・五味文彦・高埜利彦編『国家史』(『新体系日本史』一)、山川出版社、二〇〇六年
佐藤信「「壬申功封」と大宝令功封制の成立」『日本古代の宮都と木簡』吉川弘文館、一九九七年、初出一九七六年
薗田香融「護り刀考」『日本古代の貴族と地方豪族』塙書房、一九九二年、初出一九六四年

薗田香融「皇祖大兄御名入部について」『日本古代財政史の研究』塙書房、一九八一年、初出一九六八年
田村圓澄「中納言大神高市麻呂の憂慮」『大美和』九一、一九九六年
角田文衛「首皇子の立太子」『律令国家の展開』（『角田文衛著作集』三）、法蔵館、一九八五年、初出一九六五年
藤堂かほる「天智陵の営造と律令国家の先帝意識」『日本歴史』六〇二、一九九八年
遠山一郎「天武二皇子の挽歌」『天皇神話の形成と万葉集』塙書房、一九九八年、初出一九九二年
直木孝次郎「忍壁皇子」『飛鳥奈良時代の研究』塙書房、一九七五年、初出一九七三年
中西康裕「「不改常典の法」と奈良時代の皇位継承」『続日本紀と奈良朝の政変』吉川弘文館、二〇〇二年、初出二〇〇〇年
春名宏昭「太上天皇制の成立」『史学雑誌』九九―二、一九九〇年
水林彪「律令天皇制の皇統意識と神話」『思想』九六六・九六七、二〇〇四年
水林彪「律令天皇制皇位継承法の形成と挫折」小路田泰直・広瀬和雄編『王統譜』青木書店、二〇〇四年
森田悌「二つの皇統意識」『続日本紀研究』三五四、二〇〇四年
和田萃「誄の基礎的考察」『日本古代の儀礼と祭祀・信仰』上、塙書房、一九九五年、初出一九六九年

著者紹介

一九五八年、三重県津市に生まれる
一九八三年、東京大学文学部国史学専修課程卒業
一九八九年、東京大学大学院人文科学研究科国史学専門課程博士課程単位修得退学
一九九七年、博士(文学、東京大学)
現在、駒沢女子大学人文学部教授

主要著書
日本古代国家成立期の政権構造　奈良朝の政変劇―皇親たちの悲劇　摂関政治と王朝貴族　一条天皇　壬申の乱　壬申の乱を歩く　平安貴族の夢分析

歴史文化ライブラリー
266

持統女帝と皇位継承

二〇〇九年(平成二十一)三月一日　第一刷発行

著　者　倉《くら》本《もと》一《かず》宏《ひろ》
発行者　前田求恭
発行所　株式会社 吉川弘文館
東京都文京区本郷七丁目二番八号
郵便番号一一三―〇〇三三
電話〇三―三八一三―九一五一〈代表〉
振替口座〇〇一〇〇―五―二四四
http://www.yoshikawa-k.co.jp/
印刷＝株式会社 平文社
製本＝ナショナル製本協同組合
装幀＝清水良洋・渡邉雄哉

歴史文化ライブラリー

1996.10

刊行のことば

現今の日本および国際社会は、さまざまな面で大変動の時代を迎えておりますが、近づきつつある二十一世紀は人類史の到達点として、物質的な繁栄のみならず文化や自然・社会環境を謳歌できる平和な社会でなければなりません。しかしながら高度成長・技術革新にともなう急激な変貌は「自己本位な刹那主義」の風潮を生みだし、先人が築いてきた歴史や文化に学ぶ余裕もなく、いまだ明るい人類の将来が展望できていないようにも見えます。このような状況を踏まえ、よりよい二十一世紀社会を築くために、人類誕生から現在に至る「人類の遺産・教訓」としてのあらゆる分野の歴史と文化を「歴史文化ライブラリー」として刊行することといたしました。

小社は、安政四年（一八五七）の創業以来、一貫して歴史学を中心とした専門出版社として書籍を刊行しつづけてまいりました。その経験を生かし、学問成果にもとづいた本叢書を刊行し社会的要請に応えて行きたいと考えております。

現代は、マスメディアが発達した高度情報化社会といわれますが、私どもはあくまでも活字を主体とした出版こそ、ものの本質を考える基礎と信じ、本叢書をとおして社会に訴えてまいりたいと思います。これから生まれでる一冊一冊が、それぞれの読者を知的冒険の旅へと誘い、希望に満ちた人類の未来を構築する糧となれば幸いです。

吉川弘文館

〈オンデマンド版〉
持統女帝と皇位継承

On Demand
歴史文化ライブラリー
266

2019年（令和元）9月1日　発行

著　者　倉《くら》本《もと》一《かず》宏《ひろ》
発行者　吉川道郎
発行所　株式会社　吉川弘文館
〒113-0033　東京都文京区本郷7丁目2番8号
TEL　03-3813-9151〈代表〉
URL　http://www.yoshikawa-k.co.jp/

印刷・製本　大日本印刷株式会社
装　幀　清水良洋・宮崎萌美

倉本一宏（1958～）

ISBN978-4-642-75666-2